MÄNNER

DAS ULTIMATIVE KOCHBUCH

ANDREA VERLAG

Im Vertrieb der:
Delphin Verlag GmbH
Emil-Hoffmann-Straße 1
D-50996 Köln

Gesamtherstellung: Delphin Verlag GmbH, Köln

www.delphinverlag.de

Fotos: Mike Cooper
Layout: Talking Design
Einleitung: Linda Doeser

Realisation der deutschen Ausgabe: trans texas publishing, Köln
Übersetzung: Lisa Voges, Ravensburg u.a.
Lektorat: Sebnem Yavuz, Erpel

Genehmigte Ausgabe für Andrea VerlagsGmbH
Cover: Andrea VerlagsGmbH

ISBN 978-3-86405-172-2

FSC
www.fsc.org
MIX
Papier aus verantwortungsvollen Quellen
FSC® C106632

Anmerkungen
Sofern die Schale von Zitrusfrüchten benötigt wird, verwenden Sie unbedingt unbehandelte Früchte.
Sind Zutaten in Löffeln angegeben, ist immer ein gestrichener Löffel gemeint: Ein Teelöffel entspricht 5 ml, ein Esslöffel 15 ml.
Sofern nicht anders angegeben, wird Vollmilch (3,5% Fett) verwendet.
Es sollte stets frisch gemahlener schwarzer Pfeffer verwendet werden.
Bei Eiern und einzelnen Gemüsesorten verwenden Sie mittelgroße Exemplare.

Kinder, ältere Menschen, Schwangere, Kranke und Rekonvaleszenten sollten auf Gerichte mit rohen Eiern verzichten.
Die angegebenen Zeiten können von den tatsächlichen leicht abweichen.

Einleitung

Dieses tolle Kochbuch mit seinen vielen hilfreichen und informativen Abbildungen ist eine große Bereicherung für alle, die kochen lernen wollen oder sich einfach weiterentwickeln möchten. Die Rezepte sind klar und verständlich geschrieben, anschaulich bebildert und die Ergebnisse zum Reinbeißen. Ob Sie das erste Mal ein Ei kochen oder Ihre Fertigkeiten erweitern wollen, der Erfolg ist Ihnen garantiert.

Am Anfang eines jeden Rezeptes finden Sie eine Abbildung mit allen in der Liste aufgeführten Zutaten. So können Sie prüfen, ob Sie alles, was Sie benötigen, zusammengestellt haben, bevor Sie loslegen. Gleichen Sie die Zutaten auf der Abbildung mit denen auf Ihrer Arbeitsfläche ab, so können Sie sich vergewissern, dass Sie nichts vergessen und beispielsweise den Schinken, wie in der Zutatenliste angegeben, zur Hand haben, wenn es das Rezept verlangt. Wenn Sie nicht sicher sind, wie grob der Käse gerieben oder wie dünn die Auberginen geschnitten werden müssen, gibt ein kurzer Blick auf das Foto ebenfalls eine schnelle Antwort.

Die Rezepte sind in kurze Schritte unterteilt, die klar und deutlich, ohne unverständliches Küchenlatein beschrieben werden. Auch hier gilt: Was Sie auf der Abbildung sehen, sollte sich auch als Resultat vor Ihnen befinden. Das ist besonders hilfreich und beruhigend für alle Anfänger, die nicht sicher sind, wie braun die Koteletts angebraten werden sollten, bevor der nächste Schritt folgt. Am Ende eines jeden Rezeptes finden Sie eine attraktive Abbildung mit einem Serviervorschlag für das fertige Gericht.

Warum Sie dieses Buch brauchen

Kochen scheint für so manchen eine Herausforderung zu sein, und Fernsehköche, die rasend schnell Gemüse hacken, gleichzeitig eine Sauce und einen Salat zubereiten und dabei noch lächelnd in die Kamera sprechen, können zuweilen eher entmutigend wirken. Wer sich aber erst einmal an die Töpfe gewagt hat, wird erfreut feststellen, dass Kochen gar nicht so schwer ist und dass selbst zubereitete Zwischenmahlzeiten, Hauptgerichte und Desserts einfach lecker schmecken und obendrein noch gesund sind.

Im vorliegenden Buch finden Sie einfache Rezepte für jede Gelegenheit und jeden Geschmack: Von der Pasta bis zum Braten.
In kürzester Zeit erlernen Sie Grundtechniken des Kochens – vom Zerlegen eines Huhns bis hin zum Garnieren eines Gerichtes – und verfügen über ein kleines, solides Kochrepertoire. Von den einfachsten Zubereitungen über Anfänger- und Fortgeschrittenenrezepte bis hin zu Könnergerichten – mit diesem Buch haben Sie immer einen Kochlehrer an Ihrer Seite.

Tipps für Anfänger

- Bevor Sie loslegen, sollten Sie Zutatenliste und Rezept einmal ganz durchlesen. So wissen Sie genau, was Sie wann brauchen. Denn während des Kochens ein Gewürz aus dem hintersten Winkel des Küchenschranks hervorzukramen oder die Schublade nach dem Schneebesen durchwühlen zu müssen, sorgt im besten Fall für Hektik und im schlimmsten Fall dafür, dass Ihnen etwas auf dem Herd anbrennt.

- Stellen Sie alle Zutaten zusammen und vergewissern Sie sich, dass alle gebrauchsfertig sind, also beispielsweise das Fleisch vom Fettrand befreit oder das Gemüse geputzt ist. Außerdem sollten Sie alle in der Zutatenliste beschriebenen vorbereitenden Arbeiten erledigen, z. B. den Käse reiben. Machen Sie einen Abgleich mit der Zutatenabbildung.

>1>2>3

>1 >2 >3

- Stellen Sie Teller und Schüsseln mit den Zutaten in der Reihenfolge auf, wie sie gebraucht werden. Auf diese Weise können Sie nichts vergessen. Werden mehrere Zutaten wie Aromaten und Gewürze gleichzeitig verwendet, können Sie sie einzeln auf einem Teller aufgehäuft zusammenstellen.

- Lassen Sie keinen Schritt in der Anleitung aus. Wenn das Rezept erfordert, dass beispielsweise die Milch erst erhitzt werden soll, bevor sie in die Mehlschwitze gerührt wird, sollten Sie die Milch nicht geradewegs aus dem Kühlschrank nehmen.

- Nehmen Sie sich Zeit. Bei Hektik sind Fehler und Missgeschicke vorprogrammiert, oder Sie verletzen sich an einem heißen Topf oder scharfen Messer.

- Seien Sie bei der Zusammenstellung eines Menüs nicht überambitioniert. Eine kalte Vorspeise oder eine Suppe, die sich im Voraus zubereiten und aufwärmen lässt, und ein Dessert aus frischen Früchten lässt Ihnen die Zeit, sich auf den Hauptgang zu konzentrieren. Wenn Sie etwas mehr Erfahrung und Selbstvertrauen gewonnen haben, können Sie auch etwas Aufwendigeres wagen.

- Beim Würzen mit Salz und Pfeffer und vor allem mit scharfen Gewürzen sollten Sie vorsichtig sein und lieber nachwürzen, als gleich beim ersten Mal zu viel davon zu verwenden.

- Nicht mehr gebrauchte Küchenutensilien sollten weggeräumt werden. Ein zugestellter Arbeitsbereich ist nicht besonders ökonomisch und praktisch.

- Beim Kochen mit Öl ist Vorsicht geboten. Lassen Sie den Topf nie aus den Augen und füllen Sie eine Fritteuse höchstens zu einem Drittel mit Öl. Falls Sie die Küche doch verlassen müssen, schalten Sie die Herdplatte aus. Mehr als die Hälfte aller Hausbrände entstehen in der Küche! Stellen Sie Töpfe immer so

>4>5>6

auf den Herd, dass die Griffe nicht über ein anderes Kochfeld oder über den Rand des Herdes ragen. Schalten Sie nach der Backzeit immer den Ofen aus.

So sparen Sie Zeit

> Backofen und Backofengrill müssen in der Regel vorgeheizt werden.

> Salat- und Basilikumblätter werden besser und schneller von Hand zerpflückt als klein geschnitten.

> Zum Abziehen von Knoblauch wird die Zehe auf einem Schneidebrett leicht mit der flachen Messerklinge zerdrückt. Die Schale platzt dadurch auf und lässt sich leichter entfernen.

> Wenn Sie Schokolade hacken oder kleine Mengen einer klebrigen Flüssigkeit wie Honig oder Sirup abmessen wollen, tauchen Sie das Messer bzw. den Messlöffel zuerst in heißes Wasser und trocknen es/ihn dann. Auch Butter und Zucker für einen Kuchen lassen sich schneller cremig rühren, wenn die Rührschüssel vorher mit kochendem Wasser ausgespült und dann getrocknet wird.

> Beim Dünsten von Gemüse wie Karotten ist es am sinnvollsten, einen flachen, breiten Topf zu verwenden. So gart das Gemüse gleichmäßiger.

> Wenn Sie weiche Butter benötigen und vergessen haben, diese rechtzeitig aus dem Kühlschrank zu holen, stellen Sie sie 15–20 Sekunden bei hoher Wattzahl in die Mikrowelle.

> Je kleiner die Zutaten, desto schneller garen sie. Klein geschnittenes Gemüse beschleunigt die Garzeit, und wenn Sie das Zerkleinern auch noch mit der Küchenmaschine erledigen können, haben Sie noch mehr Zeit gespart.

> Fleisch lässt sich im Voraus marinieren und bis zum Gebrauch einfrieren.

> Sie müssen nicht immer unbedingt alles mit frischen Zutaten zubereiten. Nutzen Sie die Vorteile von guten Fertigprodukten, von denen einige neben der Zeitersparnis noch weitere Vorteile haben. Dosentomaten beispielsweise sind viel aromatischer als frische, die in der Regel vor der Reife geerntet werden. Andere praktische Konserven sind Gemüsemais oder Hülsenfrüchte wie Kichererbsen. Fertigteige oder Tiefkühlgemüse verkürzen ebenfalls die Zubereitungszeit ohne großen Qualitätsverlust.

> Werfen Sie Brotenden nicht weg. In kleine Stücke geschnitten, lassen sie sich im Mixer zu Semmelbröseln verarbeiten. Bis zum Gebrauch sollten die Brösel eingefroren werden. Von ausgepressten Zitronen können Sie die Schale fein abreiben und ebenfalls einfrieren.

>1 >2 >3

Küchenhelfer

Bei Küchengeräten und -utensilien sollten Sie nicht sparen. Mit hochwertigen Produkten lässt sich nicht nur besser arbeiten, sie sind auch langlebiger.

> **Küchenwaage:** Bei einigen Zubereitungsarten wie beim Backen ist exaktes Abwiegen besonders wichtig. Digitale Waagen messen bis aufs Gramm genau, allerdings müssen regelmäßig die Batterien erneuert werden. Ebenfalls präzise messen mechanische Waagen mit fein unterteilter Skala; altmodische Balkenwaagen messen ebenfalls genau, müssen aber mühsam austariert werden.

> **Messbecher:** Sie sind in einer Reihe von Formen und Größen erhältlich. Beim Material sollten Sie auf Hitzebeständigkeit achten. Ein hoher durchsichtiger Becher, in dem sich die Menge besser und genauer ablesen lässt, ist sinnvoller als ein breiter blickdichter.

> **Messlöffel:** Wenn in einem Rezept kleine Zutatenmengen in Löffelmaßen angegeben sind, sind damit bestimmte Normmaße gemeint und nicht ein beliebiger Ess- oder Teelöffel. Messlöffelsets sind nicht teuer und bestehen unter anderem aus 1 Esslöffelmaß sowie 1, ½ und ¼ Teelöffelmaß. Um Trockenzutaten wie Speisestärke abzumessen, nehmen Sie die Stärke mit dem Löffel auf und streichen die überschüssige Menge mit einem Messerrücken ab.

> **Töpfe:** Zur Grundausstattung sollten Töpfe in drei oder vier Größen, mit dickem Boden, dicht schließendem Deckel und hitzebeständigen Topf- und Deckelgriffen gehören. Diese Grundausstattung kann im Laufe der Zeit um speziellere Töpfe ergänzt werden. Greifen Sie besser nicht zu Kochtopfsets, da sie meist mindestens einen Topf enthalten, mit dem Sie nichts anfangen können. Beschichtet oder nicht ist eine Frage des Geschmacks.

> **Pfannen:** Eine schwere, 24–28 cm große Pfanne mit schräger, hoher Wand ist vielseitig einsetzbar. Vom Rührei über Gemüse bis hin zu Fleisch und Fisch lässt sich alles darin zubereiten. Bei beschichteten Pfannen kann man Fett sparen, und sie sind einfach zu reinigen. Allerdings setzt sich auch kein Bratensatz ab, den man mit etwas Flüssigkeit zu einer Sauce verarbeiten kann. Eine kleinere Pfanne ist praktisch für Omeletts, Pfannkuchen und zum Rösten von Saaten, Nüssen und Gewürzen.

> **Messer:** Scharfe gut ausgewuchtete Messer sind in der Küche unverzichtbar. Zur Grundausstattung gehören ein Parier-, ein Gemüse-, ein Küchen- sowie ein großes Kochmesser. Idealerweise bewahrt man Messer in einem hölzernen Block auf, damit die Klingen nicht durch andere Küchengeräte beschädigt werden. Sie sollten regelmäßig geschliffen werden.

> **Schneidebretter:** Es ist sinnvoll, mehrere Bretter in unterschiedlichen Größen für verschiedene Zwecke

>4>5>6

>1>2>3

>4>5>6

- und Zutaten wie Fleisch, Geflügel und Fisch oder Obst und Gemüse zu haben, um Kreuzkontaminationen zu vermeiden. Kunststoffbretter sind in vielen Farben erhältlich, was die Unterscheidung für den Verwendungszweck erleichtert, und können sterilisiert werden. Viele bevorzugen aber Holzbretter, die natürliche antibakterielle Eigenschaften besitzen.

- **Schüsseln:** Zum Mischen, Rühren und Aufbewahren von Zutaten sollten Sie mehrere Schüsseln in unterschiedlichen Größen haben. Sie können aus Edelstahl, Keramik, Kunststoff oder Glas sein. Besonders praktisch sind Modelle mit Deckel.

- **Siebe:** Metall-Haarsiebe in unterschiedlichen Größen sind hilfreich zum Abgießen, Abseihen und Passieren von Flüssigkeiten oder zum Sieben von Trockenzutaten. Da Metall den Geschmack von säurehaltigen Mischungen beeinträchtigen kann, sollten Sie auch mindestes ein Kunststoffsieb haben.

- **Löffel, Wender und Kellen:** Holzlöffel sind nicht wärmeleitend. Durchaus lohnend ist die Anschaffung von Holzlöffeln in verschiedenen Größen und Ausformungen. Pfannenwender aus Metall, Holz oder Kunststoff sind ebenfalls vielseitig einsetzbar, und besonders Letztere eignen sich auch für beschichtetes Kochgeschirr. Mit einem großen Schaumlöffel lassen sich Zutaten aus dem Kochgeschirr heben und abtropfen. Ein großer Gießlöffel oder eine Kelle ist praktisch zum Schöpfen und Umfüllen von flüssigen oder halb flüssigen Zutaten. Für ein leichtes, sauberes Ausgießen sollte er eine spitze Schnaupe oder einen Schüttrand haben.

- **Schneebesen:** Sie sind vielseitig einsetzbar, beispielsweise zum Verquirlen von Eiern und Rühren von Saucen. Ein elektrisches Handrührgerät erleichtert und beschleunigt die Arbeit.

- **Ofenfestes Koch- und Serviergeschirr:** In solchem Geschirr kann das Essen nicht nur zubereitet, sondern auch am Tisch serviert werden. Das spart Abwasch. Auflaufformen aus Glas oder Keramik gibt es in vielen Größen, Formen, Farben und Dekors – von der großen Lasagneform bis hin zum kleinen Ramequinförmchen. Emaillebeschichtete Gusseisenbräter und -formen leiten die Hitze gleichmäßig und sehen schön aus. Allerdings sind sie schwer und müssen in der Regel von Hand gespült werden.

- **Backformen:** Da die Formenvielfalt so riesig ist, ist es wohl sinnvoll, Spring-, Muffin-, Kasten-, Quiche- und sonstige Backformen erst zu kaufen, wenn sich der Bedarf einstellt. Qualitativ hochwertige Backformen, ob beschichtet oder nicht, leiten die Hitze gleichmäßig und sind besonders langlebig. Backbleche können neben der Zubereitung von Blechkuchen und Plätzchen für viele andere Zwecke eingesetzt werden. Deshalb lohnt sich die Anschaffung von stabilen Blechen, die sich im Ofen nicht biegen und beim Herausholen nicht verformen.

Perfekte Kartoffeln

Für 4 Personen

Zutaten

Ofenkartoffeln
4 große mehlig kochende Kartoffeln, abgebürstet
Salz

Röstkartoffeln
700 g mehlig kochende Kartoffeln
Salz
3 EL Sonnenblumenöl

Kartoffelpüree
700 g mehlig kochende Kartoffeln
150 ml Milch
Salz und Pfeffer

>1 **Ofenkartoffeln**
Den Backofen auf 200°C vorheizen. Die Kartoffeln mehrmals mit einer Gabel einstechen, damit beim Garen Dampf entweichen kann.

>2 Die Kartoffeln mit etwas Salz einreiben und im vorgeheizten Ofen 1¼ Stunden backen, bis sie weich sind. Die Kartoffeln kreuzweise einschneiden.

>1 **Röstkartoffeln**
Den Backofen auf 220°C vorheizen. Die Kartoffeln schälen und in gleichmäßige große Stücke schneiden. Mit kaltem Wasser abspülen.

>2 In einem großen Topf leicht gesalzenes Wasser zum Kochen bringen. Die Kartoffeln hineingeben und 10 Minuten garen. Das Wasser abgießen. Die Kartoffeln im Topf schütteln.

>3 Das Öl in einer Bratform erhitzen und die Kartoffeln darin wenden. Im vorgeheizten Ofen etwa 45 Minuten unter gelegentlichem Wenden braten, bis sie goldbraun sind.

>1 Kartoffelpüree

Die Kartoffeln schälen und in gleich große Stücke schneiden.

>2 In einem großen Topf leicht gesalzenes Wasser zum Kochen bringen.
Die Kartoffeln hineingeben und 20 Minuten garen, bis sie weich sind.
Das Wasser abgießen und die Kartoffeln gut abtropfen lassen.

>3 Die Milch in einen zweiten Topf füllen und bis knapp unter den Siedepunkt erhitzen. Die Kartoffeln zugeben und mit einer Gabel oder einem Kartoffelstampfer zu einem glatten Püree zerdrücken. Mit Salz und Pfeffer abschmecken.

Sofort servieren.

Suppen & Vorspeisen

Schnelle Tomatensuppe

Für 4 Personen

Zutaten

2 EL Olivenöl
1 große Zwiebel, gehackt
400 g Eiertomaten aus der Dose
300 ml Hühner- oder Gemüsebrühe
1 EL Tomatenmark
1 TL scharfe Chilisauce
1 Handvoll frische Basilikumblätter
Salz und Pfeffer

>1 Das Öl in einem großen Topf auf mittlerer Stufe erhitzen. Die Zwiebel hineingeben und 4–5 Minuten unter Rühren weich dünsten.

>2 Tomaten mit Saft, Brühe, Tomatenmark, Chilisauce und die Hälfte des Basilikums zugeben.

Die Suppe in vorgewärmte Schalen geben. Mit den restlichen Basilikumblättern garnieren und servieren.

>3 In einen Mixer geben, pürieren und zurück in den Topf gießen.

>4 Die Suppe bei mittlerer Hitze sanft aufkochen, dann mit Salz und Pfeffer abschmecken.

Röstkürbissuppe mit Baguette

Für 4 Personen

Zutaten
1 kg Butternut-Kürbis, in kleinen Stücken
2 Zwiebeln, in Spalten
2 EL Olivenöl
2 Knoblauchzehen, zerdrückt
3–4 frische Thymianzweige, nur die Blätter
1 l Gemüsebrühe
150 g Crème fraîche
Salz und Pfeffer
Schnittlauchröllchen, zum Garnieren

Gratiniertes Baguette
1 Baguette, schräg in dünne Scheiben geschnitten
50 g Hartkäse, gerieben

>1 Den Backofen auf 190 °C vorheizen. Kürbis, Zwiebeln, Öl, Knoblauch und Thymian in einen Bräter geben, vermischen und nebeneinander ausbreiten. 50–60 Minuten unter gelegentlichem Wenden im vorgeheizten Ofen rösten, bis das Gemüse gar und teilweise karamellisiert ist.

>2 Das Gemüse in einen Topf geben und die Hälfte der Brühe zufügen. Mit einem Stabmixer glatt pürieren. Die verbliebene Brühe und die Crème fraîche einrühren. Mit Salz und Pfeffer nach Belieben würzen und sanft erhitzen.

Sofort mit den gratinierten Baguettescheiben servieren.

>3 Für das Baguette den Backofengrill vorheizen. Die Brotscheiben unter dem Grill 1–2 Minuten auf jeder Seite golden rösten. Mit Käse bestreuen und weitere 30–40 Sekunden rösten, bis der Käse geschmolzen ist und Blasen wirft.

>4 Die Suppe auf angewärmte Suppenschalen verteilen und mit Schnittlauch garnieren.

Erfrischende Knoblauch-Mandelsuppe

Für 4–6 Personen

Zutaten

500 g helles Bauernbrot vom Vortag, entrindet und in Stücken
5 große Knoblauchzehen, halbiert
125 ml natives Olivenöl extra, plus ein wenig mehr zum Beträufeln
4–5 EL Sherry-Essig
300 g gemahlene Mandeln
1,2 l gekühltes Wasser
Salz und weißer Pfeffer
kernlose grüne Trauben, halbiert, zum Garnieren

>1 Das Brot in einer Schüssel mit kaltem Wasser bedecken und 15 Minuten einweichen.

>2 Das Brot ausdrücken und in den Mixer-Aufsatz der Küchenmaschine füllen.

Zum Servieren in Suppenschalen füllen, die Trauben hineingeben und mit Öl beträufeln.

>3 Knoblauch, Öl, Essig nach Geschmack, gemahlene Mandeln und 250 ml des gekühlten Wassers hinzufügen und zu einer glatten Masse verarbeiten.

>4 Bei laufendem Motor langsam das verbliebene Wasser eingießen, bis eine glatte Suppe entstanden ist. Abschmecken und bei Bedarf mehr Essig hinzufügen. Abgedeckt mindestens 4 Stunden in den Kühlschrank stellen, dann gut umrühren und nochmals abschmecken.

Selleriesuppe mit Käsestangen

Für 4 Personen

Zutaten

3 EL Olivenöl
1 Zwiebel, gehackt
1 Sellerieknolle, geschält und in Stücken
1 l Gemüsebrühe
1 kleines Bund frischer Thymian, gehackt
Salz und Pfeffer
frische Thymianzweige, zum Garnieren

Käsestangen

375 g Blätterteig, aufgetaut, falls Tiefkühlware
etwas Mehl, zum Bestäuben
1 Ei, verquirlt
100 g Parmesan, fein gerieben
Butter, zum Einfetten
Pfeffer

>1 Das Öl in einer Pfanne bei mittlerer Hitze erwärmen und die Zwiebel darin unter häufigem Rühren 4–5 Minuten weich dünsten, aber nicht anbräunen.

>2 Den Sellerie hinzufügen und unter Rühren 3–4 Minuten dünsten. Brühe und Thymian hinzufügen. 25 Minuten köcheln, bis der Sellerie gar ist. Unterdessen den Backofen auf 200 °C vorheizen.

>3 Für die Käsestangen den Blätterteig auf einer bemehlten Arbeitsfläche dünn ausrollen. Mit der Hälfte des Eis bestreichen, mit der Hälfte des Käses bestreuen und gut pfeffern.

>4 Den Teig zur Hälfte falten. Mit dem verbliebenen Ei bestreichen, mit dem restlichen Käse bestreuen und pfeffern. Zwei Backbleche mit Backpapier auslegen.

>5 Den Teig in etwa 1 cm breite Streifen schneiden, längs verzwirbeln und so Spiralen herstellen. Auf den vorbereiteten Backblechen verteilen und im vorgeheizten Ofen 5 Minuten knusprig gold-gelb backen.

>6 Die Suppe im Topf mit einem Pürierstab pürieren und sanft wieder erhitzen. Mit Salz und Pfeffer nach Belieben würzen.

Die Suppe auf angewärmte Suppenschalen verteilen, mit Thymian garnieren und mit den Käsestangen servieren.

Geflügelcremesuppe

Für 4 Personen

Zutaten

3 EL Butter
4 Schalotten, gehackt
1 Porreestange, in Ringen
450 g Hähnchenbrustfilet, fein gewürfelt
600 ml Hühnerbrühe
1 EL frisch gehackte Petersilie
1 EL frisch gehackter Thymian, plus einige Zweige zum Garnieren
Salz und Pfeffer
175 g Schlagsahne

>1 Die Butter bei mittlerer Hitze in einem großen Topf zerlassen. Die Schalotten darin unter Rühren 3 Minuten dünsten, bis sie weich werden.

>2 Den Porree zugeben und unter Rühren weitere 5 Minuten dünsten.

>3 Hühnerfleisch, Brühe und Kräuter zugeben und mit Salz und Pfeffer würzen. Aufkochen, die Hitze reduzieren und 25 Minuten köcheln lassen, bis das Fleisch weich und gar ist.

>4 Vom Herd nehmen und 10 Minuten abkühlen lassen. Die Suppe, falls nötig portionsweise, in der Küchenmaschine oder im Standmixer glatt pürieren.

>5 Zurück in den ausgespülten Topf geben und bei geringer Hitze 5 Minuten erwärmen.

>6 Die Sahne einrühren und weitere 2 Minuten köcheln, dann vom Herd nehmen und in Suppenschalen füllen.

Mit Thymianzweigen garnieren und sofort servieren.

Salate & leichte Gerichte

Krautsalat

Für 4 Personen

Zutaten
350 g Weißkohl,
fein gehobelt
1 Karotte, gehobelt
4 Frühlingszwiebeln,
in feinen Ringen
2 EL fein gehackte
frische Petersilie

Dressing
4 EL Mayonnaise
2 EL saure Sahne
oder Crème fraîche
1 TL körniger Senf
1 EL Zitronensaft
Salz und Pfeffer

>1 Das Gemüse in einer großen Schüssel vermengen.

>2 Die Petersilie unterheben.

Servieren.

>3 Für das Dressing Mayonnaise, saure Sahne, Senf und Zitronensaft in einer Schale verrühren. Mit Salz und Pfeffer abschmecken.

>4 Das Dressing über das Gemüse geben und sorgfältig unterheben. Nochmals mit Salz und Pfeffer abschmecken.

Caesar Salad

Für 4 Personen

Zutaten

125 ml Olivenöl
2 Knoblauchzehen
5 Scheiben Weißbrot, Rinde entfernt und in 1 cm großen Würfeln
1 Ei
3 Romanasalatherzen, in einzelne Blätter getrennt
2 EL Zitronensaft
Salz und Pfeffer
8 eingelegte Sardellenfilets, abgetropft und grob gehackt
frisch gehobelter Parmesan, zum Servieren

>1 Für die Knoblauchcroûtons 4 Esslöffel Olivenöl in einer schweren Pfanne erhitzen. Knoblauch und Brotwürfel hineingeben und unter Rühren 4–5 Minuten braten, bis die Croûtons goldbraun und knusprig sind.

>2 Mit einem Schaumlöffel herausnehmen und auf Küchenpapier abtropfen lassen.

>3 In der Zwischenzeit in einem kleinen Topf Wasser zum Kochen bringen und das Ei darin 1 Minute kochen. Herausnehmen und beiseitestellen.

Die Salatblätter in eine große Schüssel geben. Olivenöl und Zitronensaft in einer kleinen Schüssel verrühren und mit Salz und Pfeffer würzen.

>5 Das Ei aufschlagen und mit dem Dressing verquirlen. Die Sauce über den Salat gießen und gut vermengen.

>6 Sardellenfilets und Croûtons (ohne Knoblauch) zugeben und alles vermengen.

Mit Parmesanspänen bestreuen
und servieren.

Karotten-Mango-Salat mit Kokosnuss

Für 2–3 Personen

Zutaten

350 g junge Karotten
1 reife Mango, ca. 375 g, geschält und klein gewürfelt
60 g frische Kokosnuss, in feinen Streifen
3 EL frisch gehackter Koriander
3 EL geröstete, gehäutete Haselnüsse, grob gehackt
½ TL Brauner Rohrzucker
½ TL Meersalzflocken
fein abgeriebene Schale von 1 Limette
Limettenfilets, zum Garnieren

Dressing

1 TL Brauner Rohrzucker
¼ TL Meersalz
Saft von 1 Limette
¼–½ kleine grüne Chili, entkernt und fein gehackt
Pfeffer
3 EL Haselnuss- oder Olivenöl

>1 Die Karotten in 5-cm-Stücke schneiden. Mithilfe eines Sparschälers längs dünne Scheiben abschneiden und den holzigen Kern auslassen. Mit Mango und Kokosnuss in eine flache Schüssel füllen.

>2 Für das Dressing Zucker und Salz im Limettensaft auflösen. Chili und Pfeffer nach Geschmack unterrühren. Das Öl hinzufügen und alles gut verquirlen.

>3 Die Karottenmischung mit dem Dressing übergießen und alles gut vermengen. 20 Minuten bei Zimmertemperatur durchziehen lassen.

>4 Den Koriander hineingeben und nochmals gut mischen.

>5 Haselnüsse, Zucker, Salz und Limettenschale mischen.

>6 Die Karottenmischung auf Servierteller verteilen und mit der Nussmischung bestreuen.

Mit Limettenfilets garnieren und servieren.

Blattsalat mit Blauschimmelkäse & Walnüssen

Für 4 Personen

Zutaten

4 Selleriestangen
1 große saftige Birne mit roter Schale
Zitronensaft
3 EL frisch gehackte glatte Petersilie
150 g grüne Blattsalate, z. B. Rucola, Brunnenkresse oder Babyspinat
100 g Blauschimmelkäse, zerbröckelt
4 EL grob gehackte Walnüsse
Meersalzflocken

Dressing

1 große saftige Birne
1 EL Zitronensaft
4 EL Walnussöl
¼ TL Pfeffer
Meersalzflocken

>1 Die Selleriestangen putzen und gegebenenfalls die Fäden mit einem Sparschäler abziehen. In mundgerechte Stücke schneiden und in eine große Schüssel füllen.

>2 Die Birne vierteln und entkernen, aber nicht schälen. Jedes Viertel längs in dünne Spalten schneiden. Zum Sellerie geben und mit etwas Zitronensaft beträufeln, um eine Braunfärbung zu verhindern.

>3 Für das Dressing die Birne vierteln und entkernen. Ein Viertel längs in dünne Spalten schneiden. Zu der Birne in die Schüssel geben. Die verbliebene Birne schälen und grob hacken.

>4 Die gehackte Birne und die verbliebenen Dressingzutaten mit einem Pürierstab etwa 30 Sekunden zu einer glatten Masse verarbeiten. In eine kleine Schüssel füllen.

>5 Sellerie und Birne in etwa 5 Esslöffeln des Dressings wenden. Die gehackte Petersilie und 1 kleine Prise Salz hinzufügen.

>6 Die Salatblätter auf Servierteller verteilen. Die Birnen-Sellerie-Mischung darauf anrichten. Mit Käse und Nüssen bestreuen.

Das Dressing über den Salat träufeln
und sofort servieren.

Schnelles Omelett

Für 1 Person

Zutaten

Tomate & Paprika
Salz und Pfeffer
2 Eier (Größe L)
1 TL Butter
1 TL Sonnenblumenöl
1 kleine grüne Paprika, entkernt und klein gewürfelt
1 EL Olivenöl
1 Tomate, gewürfelt

Pilze & Kräuter
2 Eier (Größe L)
Salz und Pfeffer
1 EL frisch gehackter Schnittlauch
1 EL frisch gehackte Petersilie
1 TL Butter, plus etwas mehr zum Braten
1 TL Sonnenblumenöl
100 g kleine Champignons, in dünnen Scheiben

Schinken & Käse
2 Eier (Größe L)
Salz und Pfeffer
1 TL Butter
1 TL Sonnenblumenöl
50 g gekochter Schinken in Scheiben, klein geschnitten
50 g Gouda, fein gerieben

>1 Für das Omelett die Eier in eine Schüssel aufschlagen. Salzen und pfeffern. Leicht mit einer Gabel verquirlen.
Für das Pilz-Kräuter-Omelett die Kräuter unterrühren.

Eine kleine Pfanne auf dem Herd heiß werden lassen. Butter und Öl zugeben und in der Pfanne verteilen. Die Eiermasse hineingießen und 5 Sekunden garen.

>3 Mit einem Pfannenwender die Ränder in die Mitte schlagen. So fortfahren, bis die Eiermasse fast gestockt ist.

>4 **Tomate & Paprika**
In einer anderen kleinen Pfanne die Paprika 3–4 Minuten unter Rühren im heißen Olivenöl braten. Dann mit den Tomatenwürfeln auf das Omelett geben und dieses zusammenklappen.

>5 Pilze & Kräuter

Die Pilze 3–4 Minuten in etwas Butter braten. Dann auf das Omelett geben und dieses zusammenklappen.

>6 Schinken & Käse

Das Omelett mit dem Schinken und der Hälfte des Käses bestreuen. Das Omelett zusammenklappen und mit dem restlichen Käse bestreuen.

Sofort servieren.

Bandnudeln mit Pilzen, Pinienkernen & Parmesan

Für 4 Personen

Zutaten

2 EL Olivenöl
30 g Butter
2 Schalotten, gehackt
2 große Knoblauchzehen, in dünnen Scheiben
450 g braune oder Riesenchampignons, in dicken Scheiben, große Exemplare halbiert
1 TL frisch gehackter Majoran
fein abgeriebene Schale von ½ Zitrone
450 g Pappardelle oder andere breite Bandnudeln
80 g Pinienkerne, geröstet
300 g Schlagsahne
6 EL frisch geriebener Parmesan, plus etwas mehr zum Servieren
2 EL frisch gehackte glatte Petersilie
Meersalz und Pfeffer

>1 Öl und Butter in einer großen Pfanne erhitzen und die Schalotten darin auf mittlerer Stufe 2 Minuten weich dünsten. Den Knoblauch hinzufügen und 1–2 Minuten leicht Farbe annehmen lassen.

>2 Pilze und Majoran unterrühren und auf mittlerer bis hoher Stufe 5–7 Minuten unter Rühren braten, bis die Pilzflüssigkeit auszutreten beginnt.

>3 Mit Zitronensaft beträufeln und mit Salz und reichlich Pfeffer würzen. Weitere 1–2 Minuten braten, bis die Flüssigkeit verdampft ist.

>4 Währenddessen leicht gesalzenes Wasser in einem großen Topf zum Kochen bringen. Die Nudeln darin nach Packungsangabe garen.

>5 Pinienkerne, Sahne und Käse zu den Pilzen geben und unter Rühren erhitzen. Nochmals abschmecken.

>6 Die Nudeln abgießen und in eine große angewärmte Servierschüssel füllen. Die Pilzsauce darübergießen und die Pasta dann mit Petersilie bestreuen.

Sofort servieren. Geriebenen Parmesan separat dazu reichen.

Blätterteigschnitten mit Spargel & Spiegelei

Für 4 Personen

Zutaten

500 g Blätterteig (Fertigprodukt)
Mehl, zum Bestäuben
Milch, zum Bestreichen
300 g feiner grüner Spargel
200 g Pasta-Tomatensauce (Fertigprodukt)
1 TL scharfes geräuchertes Paprikapulver
4 Eier
Salz und Pfeffer

>1 Den Blätterteig auf einer leicht bemehlten Arbeitsfläche zu einem Rechteck (35 cm x 20 cm) ausrollen. In 4 Quadrate von 20 cm x 9 cm Seitenlänge schneiden.

>2 Ein Backblech mit Backpapier auslegen, die Teigstücke darauf verteilen, mit einer Gabel einstechen und mit Milch bestreichen. 20 Minuten im Kühlschrank lagern.

Die holzigen Enden des Spargels entfernen. In einem Topf leicht gesalzenes Wasser zum Kochen bringen. Den Spargel hineingeben, aufkochen und 2–3 Minuten kochen, bis er gar ist. Abgießen, mit kaltem Wasser abschrecken und abtropfen lassen. Beiseitestellen.

>4 Unterdessen den Backofen auf 200 °C vorheizen. Pastasauce und Paprikapulver vermengen, auf den Teigplatten verstreichen und dabei einen kleinen Rand frei lassen. 10–12 Minuten im vorgeheizten Ofen backen, bis der Teig an den Rändern aufgegangen und goldgelb geworden ist.

>5 Aus dem Ofen nehmen und mit dem Spargel belegen. Dabei mittig Platz für das Ei lassen.

>6 Je 1 Ei in eine Tasse aufschlagen und in die Lücke auf den Teigschnitten gleiten lassen. Zurück in den Ofen setzen und 8 Minuten weiterbacken, bis das Ei gestockt ist.

Mit Salz und Pfeffer nach Geschmack würzen und sofort servieren.

Häppchen

Aioli

Ergibt etwa 350 ml

Zutaten

3–4 große Knoblauchzehen, oder nach Belieben
1 Prise Meersalz
2 Eigelb (Größe L)
1 TL Zitronensaft
300 ml spanisches natives Olivenöl extra
Salz und Pfeffer

Die Knoblauchzehen mit dem Meersalz in einen Mörser geben und zerdrücken.

>2 Knoblauch, Eigelb und Zitronensaft in die Küchenmaschine geben und rühren.

Die Aioli kann zu diversen Tapas-Gerichten gereicht werden. Sie sollte rechtzeitig aus dem Kühlschrank genommen und bei Zimmertemperatur serviert werden.

Bei laufendem Motor das Öl durch die Einfüllöffnung langsam zugießen, sodass eine dicke Sauce entsteht.

Mit Salz und Pfeffer abschmecken. Sofort servieren oder bis zu 3 Tage abgedeckt im Kühlschrank lagern.

Teufelseier

Ergibt 16 Stück

Zutaten
8 Eier (Größe L)
2 ganze Pimientos del Piquillo (Glas oder Dose)
16 spanische grüne Oliven, entsteint
5 EL Mayonnaise
8 Spritzer Tabascosauce
1 Prise Cayennepfeffer
Salz und Pfeffer
Romana-Salatherzenblätter, zum Servieren
geräuchertes Paprikapulver, zum Bestäuben

>1 Die Eier in einen Topf geben, mit kaltem Wasser bedecken und zum Kochen bringen. Die Hitze auf sehr kleine Stufe reduzieren und die Eier bei geschlossenem Deckel 10 Minuten köcheln lassen. Unter fließend kaltem Wasser abschrecken, bis sie in die Hand genommen werden können.

>2 Die Eier schälen, dann längs halbieren und das Eigelb vorsichtig herauslösen.

>3 Das Eigelb mit einem Silikonschaber durch ein Haarsieb in eine Schale streichen. Dann mit einer Gabel cremig rühren.

>4 Die Pimientos mit Küchenpapier trocknen. Für die Garnierung 16 feine Streifen zurechtschneiden. Den Rest fein hacken.

Die Hälfte der Oliven fein hacken.
Die restlichen Oliven halbieren.

Gehackte Pimientos und Oliven zum Eigelb geben. Die Mayonnaise zufügen und alles sorgfältig verrühren.
Mit Tabascosauce, Cayennepfeffer, Salz und Pfeffer abschmecken.

>7 Die Eiermasse mithilfe eines Teelöffels in die Eiweißhälften füllen.

>8 Die Teufelseier mit je einem Pimieto-Streifen und einer Olivenhälfte garnieren.

Die Salatblätter auf einer Servierplatte verteilen und je eine Eihälfte daraufsetzen.
Mit etwas Paprikapulver bestäubt servieren.

Brunnenkresse-Champignon-Aufstrich

Für 3–4 Personen

Zutaten
25 g Butter
3 große Frühlingszwiebeln, gehackt
1 TL Koriandersamen, zerstoßen
85 g Champignons, gehackt
100 g geputzte Brunnenkresse
100 g Quark
ein paar Tropfen Tabasco
Meersalz und Pfeffer
Toast oder Cracker, zum Servieren

>1 Die Butter in einer Pfanne bei mittlerer bis geringer Hitze zerlassen, bis sie zischt. Frühlingszwiebeln und Koriandersamen darin 5–7 Minuten sanft anbraten, aber nicht bräunen.

>2 Auf mittlere bis hohe Hitze erhöhen. Die Pilze zugeben und 2 Minuten unter Rühren braten, bis die Flüssigkeit beginnt auszutreten. Die Brunnenkresse hinzufügen und kurz zusammenfallen lassen. Mit Salz und Pfeffer würzen. Vom Herd nehmen und ein paar Minuten abkühlen lassen.

Mit Toast oder Crackern servieren.

>3 Mit Quark und Tabasco in eine Küchenmaschine füllen.

>4 Glatt pürieren, in eine Servierschüssel geben und abgedeckt 1 Stunde in den Kühlschrank stellen.

Blauschimmelkäse-Kräuter-Pastete

Für 4 Personen

Zutaten
150 g Frischkäse, fettarm
350 g Magerquark
120 g Blauschimmelkäse, zerbröckelt
60 g getrocknete Cranberrys, fein gehackt
5 EL frisch gehackte Kräuter, z. B. Petersilie, Schnittlauch, Dill und Estragon
100 g Butter
2 EL gehackte Walnüsse
Vollkorntoast oder Grissini, zum Servieren

>1 Den Frischkäse cremig rühren. Nach und nach den Magerquark hinzufügen und glatt rühren. Blauschimmelkäse, Cranberrys und Kräuter untermengen. Die Masse auf vier Ramequin-Formen à 150 ml Inhalt verteilen und vorsichtig glatt streichen.

>2 Die Butter klären. Hierzu in einem kleinen Topf zerlassen und sämtlichen Schaum von der Oberfläche abschöpfen.

Die Pastete in den Förmchen servieren und dazu Vollkorntoast reichen.

>3 Die klare, gelbe obere Schicht vorsichtig in ein kleines Kännchen gießen und den milchigen Rest aus dem Topf entsorgen.

>4 Ein wenig geklärte Butter auf jedes Ramequin-Förmchen geben und mit den Walnüssen bestreuen.
Mindestens 30 Minuten im Kühlschrank fest werden lassen.

Bruschetta mit dicken Bohnen, Minze & Ziegenkäse

Für 6 Personen

Zutaten

600 g gepalte dicke Bohnen (ca. 2,5 kg ungepalt)
3 EL natives Olivenöl extra, plus etwas mehr zum Beträufeln
1 EL Zitronensaft
1 EL frisch gehackte Minze
6 Scheiben Ciabatta
1 große Knoblauchzehe, halbiert
6 EL frischer Ziegenkäse, zerbröckelt
Meersalzflocken und Pfeffer

>1 In einem großen Topf leicht gesalzenes Wasser zum Kochen bringen. Die Bohnen hineingeben und 3 Minuten köcheln, bis sie fast gar sind. Unter fließend kaltem Wasser abschrecken und abtropfen.

>2 Die durchsichtigen Häutchen der Bohnen abziehen und entsorgen.

>3 Die Bohnen mit Öl, Zitronensaft und dem Großteil der Minze mischen. Leicht salzen und pfeffern.

>4 Die Mischung in einer Küchenmaschine zu einem groben Püree verarbeiten.

>5 Die Brotscheiben toasten. Noch warm eine Seite mit der Knoblauchzehe einreiben und mit Öl beträufeln.

>6 Jede Scheibe halbieren, mit dem Bohnenpüree bestreichen und mit Ziegenkäse bestreuen.

Mit der verbliebenen Minze garnieren
und sofort servieren.

Datteln im Speckmantel

Ergibt 24 Stück

Zutaten
24 große getrocknete Datteln
140 g Manchego
6 feine Scheiben Serrano-Schinken
etwas spanisches Olivenöl

Die Datteln mit einem kleinen Messer aufschneiden und, falls nötig, die Steine herauslösen.

>2 Den Käse entrinden und in 24 etwa 5 mm dicke Stifte schneiden, die von der Länge her in die Datteln passen.

>3 Die Datteln mit den Käsestiften füllen und wieder zudrücken.

Die Schinkenscheiben in jeweils 4 lange Streifen schneiden.

>5 Die Datteln mit den Schinkenstreifen umwickeln. Die Enden gut andrücken, damit die Schinkenstreifen sich nicht lösen.

>6 Eine Pfanne auf höchster Stufe heiß werden lassen. Mit Öl bestreichen und überschüssiges Öl mit einem Stück Küchenpapier wieder auswischen.

>7 Die Datteln, gegebenenfalls portionsweise, 1–1½ Minuten anbraten, bis der Schinken knusprig ist.

>8 Die Datteln wenden und nochmals 1 Minute braten, bis der Käse weich und der Schinken knusprig ist.

Die Datteln 2 Minuten abkühlen lassen, dann mit Cocktailspießchen servieren.

Gefüllte Champignons

Ergibt 24 Stück

Zutaten
24 braune Champignons
140 g Chorizo
1 EL spanisches Olivenöl, plus etwas mehr zum Bestreichen
6 Frühlingszwiebeln, sehr fein gehackt
¼ TL geräuchertes Paprikapulver edelsüß
80 g feine Semmelbrösel
fein abgeriebene Schale von 1 Zitrone
2 EL sehr fein gehackte frische Petersilie
Salz und Pfeffer

Den Backofen auf 180 °C vorheizen. Eine Brat- oder Auflaufform mit Öl einfetten. Die Stiele aus den Pilzen drehen und sehr fein hacken.

>2 Die Pilzkappen dünn mit Öl bestreichen und innen leicht mit Salz und Pfeffer bestreuen.

>3 Die Chorizo häuten und sehr fein würfeln.

>4 Die Chorizowürfel in einer Pfanne ohne Fett bei mittlerer bis starker Hitze 3–5 Minuten anbraten. Dabei mit einem Holzlöffel rühren. Die Chorizo in eine Schüssel geben. So viel ausgelassenes Fett wie möglich in der Pfanne lassen.

Das Öl zum Fett in die Pfanne geben. Frühlingszwiebeln, Paprikapulver und gehackte Pilzstiele zufügen. Salzen und pfeffern und 3–5 Minuten unter Rühren anbraten, bis die Zwiebeln weich werden.

>6 Die Frühlingszwiebel-Mischung zusammen mit Semmelbröseln, Zitronenschale und Petersilie unter die Chorizo mischen. Mit Salz und Pfeffer abschmecken.

>7 Die Chorizo-Mischung mithilfe eines Teelöffels in die Pilzkappen füllen. Die Pilze nebeneinander in die vorbereitete Form setzen.

>8 Im vorgeheizten Ofen 15 Minuten garen. Danach die Pilze zum Abtropfen vorsichtig auf einige Lagen Küchenpapier setzen und 5 Minuten abkühlen lassen.

Die Pilze auf einem Servierteller anrichten und nach Belieben warm, lauwarm oder kalt servieren.

Gefüllte Chilis

Für 4 Personen

Zutaten
3 Eier, getrennt
50 g Mehl
325 g Gouda
16 frische grüne Jalapeño-Chilis
Sonnenblumen-oder Maiskeimöl, zum Ausbacken

>1 Das Eiweiß in einer trockenen, fettfreien Schüssel steif schlagen.

>2 Das Eigelb in einer zweiten Schüssel verquirlen. Dann den Eischnee unterheben.

Das Mehl in einer flachen Form verteilen.

>4 225 g Käse in 16 Stifte schneiden. Den restlichen Käse reiben.

>5 Die Chilis längs einschneiden, die Kerne herauslösen, ausspülen und mit Küchenpapier trocken tupfen.

Die Chilis mit den Käsestiften füllen. Den Backofengrill vorheizen. Reichlich Öl in einer Fritteuse oder einem hohen Topf auf 180–190 °C erhitzen, sodass ein Brotwürfel in 30 Sekunden braun wird.

>7 Die Chilis erst in die Eiermasse tauchen und dann im Mehl wenden. Ins heiße Fett geben und goldbraun ausbacken. Auf Küchenpapier abtropfen lassen.

>8 Den Backofengrill vorheizen. Die Chilis in eine Auflaufform geben und mit dem geriebenen Käse bestreuen. Unter dem vorgeheizten Grill überbacken, bis der Käse geschmolzen ist.

Sofort servieren.

Fisch & Meeresfrüchte

Gedämpfte Lachsfilets

Für 4 Personen

Zutaten
40 g Butter, zerlassen
4 Lachsfilets (à 150 g)
fein abgeriebene Schale und Saft von 1 Zitrone
1 EL frisch gehackter Schnittlauch
1 EL frisch gehackte Petersilie
Salz und Pfeffer
gemischter Salat und Baguette, zum Servieren

>1 Den Backofen auf 200 °C vorheizen. Aus fester, dicker Alufolie vier Quadrate mit 30 cm Seitenlänge zurechtschneiden. Mit der Butter bestreichen.

>2 Je 1 Lachsfilet in die Mitte auf die Folienquadrate setzen. Mit Zitronenschale, Schnittlauch und Petersilie bestreuen und mit dem Zitronensaft beträufeln. Salzen und pfeffern.

Den Lachs auswickeln und samt Saft auf Serviertellern anrichten. Sofort mit einem gemischten Salat und Baguette servieren.

>3 Die Lachsfilets locker in der Alufolie einschlagen und oben fest verschließen.

>4 Die Päckchen in eine flache Bratform setzen und im vorgeheizten Ofen 20 Minuten backen, bis sie gar sind.

Frischer Lachs mit Paprikasauce

Für 6 Personen

Zutaten

2 rote Paprika
700 g frisches Lachsfilet
4 EL spanisches Olivenöl, plus etwas mehr zum Bestreichen
1 Zwiebel, grob gehackt
1 Knoblauchzehe, fein gehackt
6 EL trockener Weißwein
100 g Schlagsahne
Salz und Pfeffer

>1 Den Backofen auf 200 °C vorheizen. Die Paprika mit Öl bestreichen und in eine Bratform legen.

>2 Die Paprika im vorgeheizten Ofen 30 Minuten braten. Dann wenden und weitere 10 Minuten garen, bis die Haut schwarz wird und Blasen wirft.

>3 Die Paprika mit einem Schaumlöffel in einen sauberen Plastikbeutel geben, verschließen und etwa 15 Minuten abkühlen lassen.

>4 Inzwischen das Lachsfilet häuten und das Fleisch in 2,5 cm große Würfel schneiden. Mit Pfeffer würzen.

2 Esslöffel Öl in einer Pfanne erhitzen. Die Zwiebel darin 5 Minuten dünsten, bis sie weich wird, aber nicht gebräunt ist. Den Knoblauch zufügen und weitere 30 Sekunden rühren. Mit dem Wein ablöschen, zum Kochen bringen. 1 Minute einkochen, dann vom Herd nehmen.

>6 Die Paprika häuten und entkernen. Das Fruchtfleisch in einen Mixer geben.

>7 Zwiebelmischung und Sahne zufügen und alles glatt pürieren. Mit Salz und Pfeffer abschmecken. Alles in einen Topf füllen und sanft erhitzen.

Das restliche Öl in einer Pfanne erhitzen. Die Lachswürfel 8–10 Minuten unter gelegentlichem Wenden darin braten, bis sie gar und rundum schön gebräunt sind.

Den Lachs auf einen Servierteller geben
und die Paprikasauce separat dazu reichen.

Fischküchlein

Ergibt 8 Stück

Zutaten

300 g mehlig kochende Kartoffeln, geschält
300 g gegartes Lachsfilet, zerteilt
8 EL frisch gehackter Dill, plus etwas mehr zum Garnieren
6 Frühlingszwiebeln, fein gehackt
1 EL Speisestärke, gesiebt
1 TL Salz
½ TL Pfeffer
2 Eier, leicht verquirlt
Mehl, zum Bestäuben
Öl, zum Braten

Aioli

3 große Knoblauchzehen
1 TL Meersalzflocken
2 Eigelb, zimmerwarm
250 ml natives Olivenöl extra
2 EL Zitronensaft

>1 In einem großen Topf Wasser zum Kochen bringen. Die Kartoffeln darin 20 Minuten köcheln, bis sie gar sind. Gut abtropfen lassen, dann zerstampfen.

Lachs, Kartoffeln, Dill und Frühlingszwiebeln in eine große Schüssel geben und mit einer Gabel locker vermengen.

>3 Die Masse mit der Speisestärke bestäuben. Salzen und pfeffern. Die Eier unterrühren.

>4 Mit bemehlten Händen 8 Frikadellen, etwa 2 cm dick, formen.

>5 Ein Backblech mit Backpapier belegen und die Fischküchlein darauflegen. Mindestens 2 Stunden im Kühlschrank ruhen lassen.

>6 Für die Aioli Knoblauch und Salz im Mörser zu einer glatten Paste zerdrücken. In eine größere Schüssel füllen. Kräftig mit dem Eigelb verquirlen.

>7 Das Öl in einem sehr dünnen Strahl langsam unter ständigem Rühren dazugießen, bis die Masse dickcremig ist. Den Zitronensaft unterrühren. Mit Frischhaltefolie abgedeckt beiseitestellen.

>8 Etwas Öl in einer Pfanne erhitzen. Die Fischküchlein darin bei mittlerer bis starker Hitze 8 Minuten braten, bis sie goldbraun sind. Wenden und von der anderen Seite 4–5 Minuten bräunen.

Mit Dill garnieren und sofort mit der Aioli servieren.

Frittierte Sardellen

Für 4 Personen

Zutaten
500 g frische kleine Sardellen
100 g Mehl
50 g Speisestärke
½ TL Salz
200 ml kaltes Wasser
1 Ei
einige Eiswürfel
Pflanzenöl, zum Ausbacken
Aioli, zum Servieren (siehe Seite 62)

>1 Die Sardellen abspülen und trocken tupfen. Auf einer Lage Küchenpapier bis zur Weiterverarbeitung beiseitestellen.

>2 Mehl, Speisestärke und Salz in eine flache Form sieben.

>3 Wasser, Ei und Eiswürfel in einem Messbecher verquirlen. Über das Mehl gießen und mit einem Schneebesen kurz einarbeiten, sodass ein klumpiger Teig entsteht.

>4 Inzwischen reichlich Öl in einer Fritteuse oder einem großen Topf auf 180–190 °C erhitzen, sodass ein Brotwürfel darin innerhalb von 30 Sekunden braun wird.

>5 Die Sardellen portionsweise erst in den Teig tauchen und dann ins heiße Fett geben.

>6 Die Sardellen 1 Minute ausbacken, bis der Teig knusprig, aber nicht gebräunt ist. Auf Küchenpapier abtropfen lassen und warm halten, bis alle Sardellen frittiert sind.

Die Sardellen sofort mit Aioli servieren.

Thunfischsteaks mit Oliven

Für 4 Personen

Zutaten

2 Thunfischsteaks (à 250 g), etwa 2,5 cm dick
5 EL spanisches natives Olivenöl extra
3 EL Rotweinessig
1 Bund frischer Thymian
1 Lorbeerblatt
2 EL Mehl
1 Zwiebel, sehr fein gehackt
2 Knoblauchzehen, fein gehackt
80 g mit Paprika gefüllte grüne Oliven, halbiert
Salz und Pfeffer

>1 Die Thunfischsteaks waagerecht halbieren.

>2 Die Thunfischscheiben gegen die Faser in 1 cm breite Streifen schneiden.

>3 3 Esslöffel Öl und den Essig in eine flache, nicht metallene Form geben. Von der Hälfte der Thymianzweige die Blättchen abzupfen und mit dem Lorbeerblatt in die Marinade geben. Salzen und pfeffern.

>4 Die Thunfischstreifen in der Marinade wenden und im Kühlschrank 8 Stunden oder über Nacht marinieren.

>5

Das Mehl in einen Gefrierbeutel geben. Die Thunfischstreifen aus der Marinade nehmen und im Mehl wenden, bis sie dünn damit überzogen sind. Die Marinade aufbewahren.

>6

Das restliche Öl in einer großen Pfanne erhitzen. Zwiebel und Knoblauch darin bei geringer Hitze 5–10 Minuten weich und goldbraun dünsten.

>7

Die Thunfischstreifen zufügen und 2–5 Minuten unter mehrmaligem Wenden anbraten.

>8

Marinade und Oliven zufügen und alles zum Kochen bringen. Den Fisch weitere 1–2 Minuten unter Rühren braten, bis er gar und die Sauce eingedickt ist.

Mit dem restlichen Thymian garnieren
und sofort servieren.

Paprika mit Krebsfleischfüllung

Ergibt 16 Stück

Zutaten
1 rote Paprika
1 TL spanisches Olivenöl
250 g Krebsfleisch aus der Dose, abgetropft und ausgedrückt
1½ EL Zitronensaft
200 g Frischkäse
16 Pimientos del Piquillo, abgetropft
Salz und Pfeffer
frisch gehackte Petersilie, zum Garnieren

>1 Den Backofen auf 200 °C vorheizen. Die Paprika mit dem Öl bestreichen und in eine Bratform legen.

>2 Die Paprika im vorgeheizten Ofen 30 Minuten braten. Dann wenden und nochmals 10 Minuten garen, bis die Haut schwarz ist und Blasen wirft.

>3 Die Paprika mit einem Schaumlöffel in einen sauberen Plastikbeutel geben, verschließen und etwa 15 Minuten abkühlen lassen.

>4 Die Paprika häuten, entkernen und das Fruchtfleisch klein würfeln.

>5 Die Hälfte des Krebsfleisches mit Paprikawürfeln, Zitronensaft sowie etwas Salz und Pfeffer in den Mixer geben und pürieren. Dann die Masse in eine Schüssel füllen.

>6 Den Frischkäse und das restliche Krebsfleisch unterrühren. Dann mit Salz und Pfeffer und bei Bedarf weiterem Zitronensaft abschmecken.

>7 Die Pimientos mit Küchenpapier trocken tupfen und eventuell verbleibende Kerne noch herauslösen.

>8 Die Pimientos mithilfe eines Teelöffels mit der Krebsfleischmasse füllen.

Die Pimientos auf einem Servierteller anrichten. Mit Petersilie bestreuen und servieren.

Feurige Garnelenpfanne

Für 6 Personen

Zutaten
500 g große rohe Garnelen
6 EL spanisches Olivenöl
2 Knoblauchzehen, fein gehackt
1 kleine frische rote Chili, entkernt und fein gehackt
1 Prise Paprikapulver
1 Prise Salz
Bauernbrot, zum Servieren

>1 Die Garnelen auslösen. Dabei die Schwanzenden intakt lassen. Entlang des Rückens einschneiden und den schwarzen Darmfaden herauslösen.

>2 Die Garnelen unter fließend kaltem Wasser abspülen. Auf Küchenpapier legen und trocken tupfen.

Die Garnelen in eine Servierform geben und sofort mit frischem Brot servieren.

>3 Das Öl in einer großen Pfanne stark erhitzen. Den Knoblauch darin 30 Sekunden anbraten.

>4 Die Garnelen mit Chili, Paprikapulver und Salz zufügen und 2–3 Minuten unter ständigem Rühren anbraten, bis sie rosa werden und sich aufrollen.

Frittierte Calamares

Für 6 Personen

Zutaten
500 g Kalmar (küchenfertig)
Mehl, zum Bestäuben
Sonnenblumenöl, zum Frittieren
Meersalz
Zitronenspalten und Aioli (siehe Seite 62) zum Servieren

>1 Die Tentakel abschneiden. Den Kalmar in 1 cm breite Ringe schneiden und große Tentakel halbieren.

Die Tintenfischstücke mit Mehl bestäuben, sodass alle dünn überzogen sind.

Den Tintenfisch mit Meersalz bestreuen. Sofort mit Zitronenspalten zum Beträufeln und Aioli zum Dippen servieren.

Reichlich Öl in einer Fritteuse oder einem großen Topf auf 180–190 °C erhitzen, sodass ein Brotwürfel darin innerhalb von 30 Sekunden braun wird. Den Tintenfisch portionsweise hineingeben und 2–3 Minuten goldbraun frittieren. Nicht übergaren!

>4 Mit einem Schaumlöffel aus dem heißen Fett nehmen und auf Küchenpapier abtropfen lassen. Im warmen Ofen warm halten, bis alle Tintenfischstücke fertig frittiert sind.

Jakobsmuscheln mit Schinken

Ergibt 4 Spieße

Zutaten
2 EL Zitronensaft
3 EL spanisches Olivenöl
2 Knoblauchzehen, fein gehackt
1 EL frisch gehackte Petersilie
12 ausgelöste Jakobsmuscheln mit Rogen
8 hauchdünne Scheiben Serrano-Schinken
Pfeffer

>1 Zitronensaft, Öl, Knoblauch und Petersilie zum Marinieren in einer flachen, nicht metallenen Form verrühren.

>2 Bei den Jakobsmuscheln den Rogen vom Muskelfleisch abtrennen. Beides in der Marinade wenden. Mit Frischhaltefolie abgedeckt 20 Minuten bei Raumtemperatur marinieren.

Die Spieße auf vorgewärmte Servierteller geben. Mit Pfeffer bestreuen und sofort servieren.

Den Backofengrill vorheizen. Muskelfleisch und Rogen abtropfen lassen. Je 3 Stücke Muskelfleisch und Rogen und 2 klein zusammengefaltete Schinkenscheiben abwechselnd auf 4 Metallspieße stecken.

>4 Die Spieße unter dem vorgeheizten Grill 5 Minuten unter häufigem Wenden grillen, bis die Muscheln gar sind und der Schinken knusprig ist.

Muscheln mit Paprika

Für 8 Personen

Zutaten
1 kg frische Miesmuscheln, abgebürstet und Bärte entfernt
4 EL spanisches Olivenöl
1 großer Fenchel, geputzt und sehr fein gehackt
4 große Knoblauchzehen, fein gehackt
1 EL Tomatenmark
2 TL geräuchertes Paprikapulver
250 ml trockener Weißwein
Salz und Pfeffer
Bauernbrot, zum Servieren

>1 Muscheln mit defekter Schale oder Exemplare, die nicht schließen, wenn man dagegenklopft, wegwerfen.

Das Öl in einem großen Topf erhitzen. Den Fenchel darin bei mittlerer Hitze 3–5 Minuten weich andünsten.

Die oberen Schalenhälften entfernen und die Muscheln in eine Servierform geben. Mit dem Sud überziehen und mit frischem Brot servieren.

>3 Knoblauch, Tomatenmark und Paprikapulver unterrühren. Die Hitze reduzieren und 1 Minute rühren. Mit dem Wein ablöschen und unter Rühren kochen, bis der Sud auf die Hälfte eingekocht ist.

>4 Die Hitze reduzieren, die Muscheln zufügen und bei geschlossenem Deckel 3–5 Minuten dünsten, bis sie sich geöffnet haben. Salzen und pfeffern. Muscheln, die noch zu sind, wegwerfen.

Fleisch & Geflügel

Knusprige Hühnchen-Schinken-Kroketten

Ergibt 8 Stück

Zutaten

4 EL spanisches Olivenöl
4 EL Mehl
200 ml Milch
120 g gekochtes Hühnchenfleisch, sehr fein gehackt
50 g Serrano-Schinken, sehr fein gehackt
1 EL frisch gehackte glatte Petersilie
1 kleine Prise frisch geriebene Muskatnuss
1 Ei, verquirlt
50 g Semmelbrösel von altbackenem Brot
Sonnenblumenöl, zum Frittieren
Salz und Pfeffer
Aioli (siehe Seite 62), zum Servieren

>1 Das Olivenöl in einem Topf erhitzen. Das Mehl bei mittlerer Hitze einstreuen und 1 Minute unter ständigem Rühren anschwitzen.

>2 Den Topf vom Herd nehmen. Unter ständigem Rühren nach und nach die Milch zugießen, bis die Masse glatt ist. Auf den Herd zurücksetzen. Unter Rühren aufkochen, bis die Masse eindickt.

>3 Den Topf vom Herd nehmen. Das Hühnchenfleisch zugeben und rühren, bis die Masse wieder glatt ist. Schinken, Petersilie und Muskatnuss sorgfältig einarbeiten. Salzen und pfeffern.

>4 Die Masse in eine Form streichen. 30 Minuten abkühlen lassen. 2–3 Stunden oder über Nacht abgedeckt im Kühlschrank ziehen lassen.

>5 Die Masse in 8 Portionen teilen und mit befeuchteten Händen zu Kroketten formen.

>6 Das verquirlte Ei in einen Teller geben, die Semmelbrösel in einen zweiten. Die Kroketten nacheinander erst im Ei wenden und dann in den Semmelbröseln rollen. Mindestens 1 Stunde im Kühlschrank ruhen lassen.

>7 Reichlich Sonnenblumenöl in einer Fritteuse oder einem großen Topf auf 180–190 °C erhitzen, sodass ein Brotwürfel darin innerhalb von 30 Sekunden braun wird. Die Kroketten 5–10 Minuten frittieren bis sie goldbraun und knusprig sind.

>8 Die Kroketten aus dem Fett nehmen und auf Küchenpapier abtropfen lassen.

Die Kroketten sofort mit Aioli
zum Dippen servieren.

Gegrillte Putenbrust mit Zitrone

Für 4 Personen

Zutaten

1 Zitrone
2 EL Olivenöl
1 Knoblauchzehe, zerdrückt
4 Putenschnitzel
Salz und Pfeffer
gemischter Salat, zum Servieren

>1 Die Schale von der Zitrone fein abreiben und den Saft auspressen.

>2 Zitronenschale und -saft, Öl und Knoblauch in einer breiten, nicht metallenen Form verrühren.

>3 Die Putenschnitzel in der Zitronenmarinade wenden. Mit Frischhaltefolie abdecken und 30 Minuten im Kühlschrank marinieren. Die Putenschnitzel abtropfen lassen. Die Marinade entsorgen.

>4 Eine Grillpfanne stark erhitzen. Die Putenschnitzel salzen und pfeffern. In der heißen Pfanne etwa 4 Minuten anbräunen.

>5 Die Putenschnitzel mit einer Küchenzange wenden und weitere 3–4 Minuten braten. Zur Garprobe das Fleisch in der Mitte einschneiden. Es darf nicht mehr rosa oder rot aussehen, und der Fleischsaft sollte klar und dampfend heiß sein.

>6 Die Putenschnitzel auf eine vorgewärmte Servierplatte geben und vor dem Servieren 3–4 Minten ruhen lassen.

Mit Salat anrichten und servieren.

Gefüllte Hähnchenbrustfilets

Für 4 Personen

Zutaten

4 Hähnchenbrustfilets
4 TL Pesto
125 g Mozzarella
4 feine Scheiben Parmaschinken
250 g Cocktailtomaten, halbiert
Salz und Pfeffer
75 ml trockener Weißwein oder Hühnerbrühe
1 EL Olivenöl
frisches Ciabatta, zum Servieren

Den Backofen auf 220 °C vorheizen. Die Hähnchenbrustfilets auf ein Schneidebrett legen und mit einem scharfen Messer seitlich tiefe Taschen einschneiden.

>2 Je 1 Teelöffel Pesto in den Taschen verstreichen.

Den Mozzarella in 4 gleich große Scheiben schneiden und in die Taschen geben.

>4 Zum Einschließen der Füllung je 1 Scheibe Schinken um die Hähnchenbrustfilets wickeln und die Enden unten einschlagen.

>5 Die Filets in eine flache Auflauf- oder Bratform legen und die Tomatenhälften darauf verteilen.

>6 Salzen und pfeffern. Den Wein zugießen und mit dem Olivenöl beträufeln.

>7 Im vorgeheizten Ofen 15–20 Minuten braten. Zur Garprobe das Fleisch in der Mitte einschneiden. Es darf nicht mehr rosa oder rot aussehen, und der Fleischsaft sollte klar und dampfend heiß sein.

>8 Die Hähnchenbrustfilets diagonal halbieren. Mit den Tomaten auf Serviertellern anrichten und etwas Bratensaft darübergießen.

Sofort mit Ciabattascheiben servieren.

Hähnchenrouladen mit Oliven

Für 6–8 Personen

Zutaten

120 g spanische schwarze Oliven in Öl, abgetropft und 2 EL Öl aufgefangen
140 g weiche Butter
4 EL frisch gehackte Petersilie
4 Hähnchenbrustfilets

>1 Den Backofen auf 200 °C vorheizen. Die Oliven entsteinen und fein hacken. Oliven, Butter und Petersilie in einer Schüssel glatt rühren.

Die Hähnchenbrustfilets zwischen zwei Stücken Frischhaltefolie mit einem Fleischklopfer oder einer Teigrolle plattieren.

>3 Die Fleischstücke von einer Seite mit der Olivenbutter bestreichen und aufrollen.

>4 Mit hölzernen Cocktailspießen feststecken oder mit Küchengarn binden.

>5 Die Hähnchenrouladen in eine Auflaufform legen. Mit dem Olivenöl beträufeln und im vorgeheizten Ofen 25–30 Minuten gar braten. Zur Probe einstechen; der austretende Fleischsaft sollte klar sein.

>6 Die Hähnchenrouladen auf ein Schneidebrett heben. Cocktailspieße oder Küchengarn entfernen und das Fleisch mit einem scharfen Messer in Scheiben schneiden.

Auf einer vorgewärmten Servierplatte anrichten und sofort servieren.

Poularde mit Thymiankruste

Für 6 Personen

Zutaten

1 küchenfertige Poularde (2,25 kg)
50 g Butter
2 EL frisch gehackter Zitronenthymian, plus einige Zweige zum Garnieren
Salz und Pfeffer
1 Zitrone, geviertelt
125 ml Weißwein, plus eventuell etwas mehr

>1 Den Backofen auf 220 °C vorheizen. Die Poularde in eine Bratform legen.

>2 Die Butter in einer Schale mit einer Gabel zerdrücken und den gehackten Thymian einarbeiten. Mit Salz und Pfeffer würzen. Die Poularde innen und außen mit der Thymianbutter bestreichen.

>3 Die Zitronenviertel in den Bauchraum geben. Die Poularde mit dem Weißwein übergießen. Im vorgeheizten Ofen 15 Minuten auf mittlerer Schiene braten.

>4 Die Temperatur auf 190 °C reduzieren und die Poularde unter häufigem Übergießen mit dem Weißwein-Bratensaft weitere 1¾ Stunden braten. Falls nötig, etwas mehr Wein zugießen.

>5 Zur Garprobe einen Spieß in die dickste Stelle eines Schenkels stechen. Der austretende Fleischsaft darf nicht mehr rosa oder rot aussehen, sondern sollte klar und dampfend heiß sein.
Der Schenkel sollte sich außerdem ohne großen Widerstand vom Körper wegziehen lassen. Die Bratform aus dem Ofen nehmen.
Die Poularde auf eine vorgewärmte Servierplatte heben und vor dem Tranchieren mit Alufolie abgedeckt 10 Minuten ruhen lassen.

>6 Die Bratform auf den Herd setzen und den Bratensaft bei kleiner Hitze zu einer dicken Sauce einkochen. Mit Salz und Pfeffer abschmecken und warm halten.

>7 Zum Tranchieren die Poularde auf ein Schneidebrett legen. Mit Tranchiergabel und -messer die Flügel abtrennen und das Brustfleisch in Scheiben schneiden.

Die Beine an den Gelenken durchtrennen und abschneiden. Dann die Unterschenkel an den Gelenken abtrennen.

Mit Thymianzweigen garnieren
und mit der Bratensauce servieren.

Hühnerleber in Sherrysauce

Für 6 Personen

Zutaten

500 g Hühnerleber, küchenfertig
2 EL spanisches Olivenöl
1 kleine Zwiebel, gehackt
2 Knoblauchzehen, fein gehackt
100 ml trockener spanischer Sherry
2 EL frisch gehackte glatte Petersilie, plus etwas mehr zum Garnieren
Salz und Pfeffer
Bauernbrot oder Toastbrot, zum Servieren

>1 Die Hühnerlebern in mundgerechte Stücke schneiden.

>2 Das Öl in einer großen, schweren Pfanne erhitzen. Die Zwiebel darin 5 Minuten weich dünsten, aber nicht bräunen. Den Knoblauch zufügen und 30 Sekunden mitbraten.

>3 Die Leberstücke zugeben und 2–3 Minuten unter ständigem Rühren anbraten, bis sie fest sind und ihre Farbe geändert haben, innen aber noch rosa sind.

>4 Die Leberstücke mit einem Schaumlöffel in eine vorgewärmte Servierform heben.

>5 Die Hitze erhöhen. Den Sherry in die Pfanne geben und etwas einkochen lassen. Dabei den Bratensatz mit einem Kochlöffel vom Pfannenboden lösen. Die Sauce mit Salz und Pfeffer abschmecken.

>6 Die Hühnerlebern mit der Sherrysauce überziehen und mit der gehackten Petersilie bestreuen.

Mit Petersilienblättchen garnieren
und sofort mit frischem Brot servieren.

Chorizo in Rotwein

Für 6 Personen

Zutaten

200 g Chorizo
200 ml trockener spanischer Rotwein
2 EL Weinbrand
frische glatte Petersilie, zum Garnieren
Stangenweißbrot, zum Servieren

>1 Die Wurst mehrmals mit einer Gabel einstechen. Mit dem Wein in einen großen Topf geben und zum Kochen bringen. Die Hitze reduzieren und bei geschlossenem Deckel 15–20 Minuten sanft köcheln lassen.

>2 Chorizo und Wein in eine Schüssel geben und abgedeckt 8 Stunden oder über Nacht ziehen lassen.

>3 Die Wurst abtropfen lassen. Den Wein aufbewahren. Die Chorizo häuten und in 5 mm dicke Scheiben schneiden. Die Wurstscheiben nebeneinander in eine große Pfanne legen.

>4 Den Weinbrand in einem kleinen Topf sanft erhitzen.

>5 Den Weinbrand über die Wurstscheiben gießen und anzünden.

>6 Wenn die Flammen erloschen sind, die Pfanne leicht rütteln. Den aufbewahrten Wein zugießen und bei starker Hitze fast vollständig einkochen lassen.

Mit Petersilie garnieren und sofort mit Brot servieren.

Hackbällchen in Mandelsauce

Für 6 Personen

Zutaten

50 g Brot ohne Rinde
3 EL Wasser
500 g Schweinehackfleisch
1 große Zwiebel, gehackt
1 Knoblauchzehe, zerdrückt
2 EL frisch gehackte glatte Petersilie, plus etwas zum Garnieren
1 Ei, verquirlt
frisch geriebene Muskatnuss
Mehl, zum Bestäuben
2 EL spanisches Olivenöl
Zitronensaft (nach Belieben)
Salz und Pfeffer

Mandelsauce

2 EL spanisches Olivenöl
25 g helles oder dunkles Brot, zerrupft
120 g abgezogene Mandeln
2 Knoblauchzehen, fein gehackt
150 ml trockener Weißwein
425 ml Gemüsebrühe
Salz und Pfeffer

>1 Das Brot in einer Schale mit dem Wasser etwa 5 Minuten einweichen. Das Brot dann von Hand ausdrücken und in eine große Schüssel geben.

>2 Schweinehack, Zwiebel, Knoblauch, Petersilie und Ei zufügen. Mit Muskatnuss, Salz und Pfeffer würzen. Von Hand zu einer glatten Masse verarbeiten.

>3 Etwas Mehl auf einem großen Teller verteilen. Mit bemehlten Händen etwa 30 kleine Bällchen aus der Hackfleischmasse formen und im Mehl wenden, bis sie vollständig eingehüllt sind.

>4 Das Öl in einer großen, schweren Pfanne erhitzen. Die Hackbällchen darin, gegebenenfalls portionsweise, 4–5 Minuten rundum goldbraun braten. Mit einem Schaumlöffel auf einen Teller heben.

>5 Für die Sauce das Öl in der Pfanne erhitzen. Brot und Mandeln darin unter häufigem Rühren sanft anbraten, bis sie goldbraun sind.

>6 Den Knoblauch zufügen und 30 Sekunden mitbraten. Mit dem Wein ablöschen und 1–2 Minuten einkochen lassen. Mit Salz und Pfeffer abschmecken und etwas abkühlen lassen.

>7 Die Mandelmischung mit der Brühe in den Mixer füllen und glatt pürieren. Die Sauce zurück in die Pfanne geben.

>8 Die Hackbällchen in die Sauce legen und 25 Minuten köcheln lassen, bis sie durchgegart sind. Die Sauce mit Salz und Pfeffer abschmecken.

Die Hackbällchen mit der Sauce in eine vorgewärmte Servierform füllen. Mit Zitronensaft beträufeln und mit Petersilie garnieren. Sofort servieren.

Hackbraten

Für 6–8 Personen

Zutaten

25 g Butter
1 EL Olivenöl, plus etwas mehr zum Bestreichen
3 Knoblauchzehen, gehackt
100 g Karotten, sehr fein gewürfelt
50 g Stangensellerie, sehr fein gewürfelt
1 Zwiebel, sehr fein gewürfelt
1 rote Paprika, sehr fein gewürfelt
4 große Champignons
1 TL getrockneter Thymian
2 TL fein gehackter frischer Rosmarin
1 TL Worcestersauce
6 EL Tomatenketchup
½ TL Cayennepfeffer
1,1 kg Rinderhackfleisch, gut gekühlt
2 Eier, verquirlt
Salz und Pfeffer
50 g frische Semmelbrösel
2 EL brauner Zucker
1 EL Dijon-Senf

>1 Die Butter mit dem Öl in einer großen Pfanne zerlassen und den Knoblauch darin kurz anbraten. Die Gemüsewürfel zufügen und bei mittlerer Hitze unter häufigem Rühren 10 Minuten dünsten, bis die meiste Flüssigkeit verdampft ist.

>2 Die Pfanne vom Herd nehmen. Kräuter, Worcestersauce, 4 Esslöffel Ketchup und Cayennepfeffer unterrühren. Abkühlen lassen.

>3 Den Backofen auf 160 °C vorheizen. Eine Kastenform mit Öl einfetten.

>4 Das Rinderhackfleisch in eine große Schüssel geben und mit den Fingern Klumpen aufbrechen. Gemüsemischung und Eier zugeben. Salzen und pfeffern. Die Zutaten von Hand kurz mischen, dann die Semmelbrösel einarbeiten.

>5 Die Hackfleischmasse in die vorbereitete Form füllen und die Oberfläche glatt streichen. Im vorgeheizten Ofen 30 Minuten backen.

>6 Inzwischen für die Glasur restliche 2 Esslöffel Ketchup, Zucker, Senf und eine Prise Salz in einer Schale glatt rühren.

>7 Den Hackbraten aus dem Ofen nehmen und gleichmäßig mit der Glasur bestreichen. Wieder in den Ofen geben und weitere 35–45 Minuten backen, bis der Braten durchgegart ist. Zur Garprobe den Braten in der Mitte einschneiden. Das Hackfleisch darf nicht mehr rosa aussehen, und der auslaufende Fleischsaft sollte klar und dampfend heiß sein.

>8 Den Hackbraten aus dem Ofen nehmen und mindestens 15 Minuten ruhen lassen.

Vor dem Servieren in dicke Scheiben schneiden.

Andalusische Fleischspieße

Ergibt 16 Stück

Zutaten

1 kg magere Schweinekoteletts, etwa 1 cm dick, entbeint
2 große Knoblauchzehen, fein gehackt
2 TL geräuchertes Paprikapulver edelsüß
2 TL gemahlener Kreuzkümmel
¼ TL gemahlener Zimt
1 Prise Cayennepfeffer
4 EL spanisches Olivenöl, plus etwas mehr zum Einfetten
2 TL Tomatenmark
1 grüne Paprika, in 16 Quadrate geschnitten
Salz und Pfeffer
Zitronenspalten, zum Servieren

>1 Das Fleisch in 32 mundgerechte Stücke schneiden.

>2 Knoblauch, Paprikapulver, Kreuzkümmel, Zimt und Cayennepfeffer in einer Schüssel vermischen. Salzen und pfeffern. Öl und Tomatenmark unterrühren.

>3 Das Fleisch zufügen und die Marinade hineinreiben. Abgedeckt mindestens 8 Stunden oder über Nacht im Kühlschrank marinieren.

Etwa 30 Minuten vor dem Grillen 16 hölzerne Spieße in kaltem Wasser einweichen. Den Backofengrill vorheizen und ein Backblech mit Öl einfetten.

>5 Einen Topf mit Wasser zum Kochen bringen. Die Paprikastücke darin 1 Minute blanchieren. Das Wasser abgießen und die Paprika unter fließend kaltem Wasser abschrecken, dann trocken tupfen.

>6 Je 2 Fleischstücke mit einem Paprikastück dazwischen auf die Spieße stecken.

>7 Die Spieße auf das vorbereitete Backblech legen und mit der restlichen Marinade bestreichen.

>8 Die Spieße 12–15 Minuten unter häufigem Wenden grillen, bis das Fleisch durchgegart und an den Rändern gebräunt ist.

Die Spieße sofort mit Zitronenspalten zum Beträufeln servieren.

Schweinekoteletts mit Apfelkompott

Für 4 Personen

Zutaten
4 Schweinekoteletts, etwa 3 cm dick, zimmerwarm
Salz und Pfeffer
1½ EL Sonnenblumenöl

Apfelkompott
450 g Kochäpfel, gewürfelt
4 EL Feinstzucker
fein abgeriebene Schale von ½ Zitrone
½ EL Zitronensaft
4 EL Wasser
¼ TL Zimt
1 Stück Butter

>1 Den Backofen auf 200 °C vorheizen. Für das Apfelkompott alle Zutaten bis auf Zimt und Butter in einen schweren Topf geben und bei starker Hitze unter Rühren zum Kochen bringen.

>2 Die Hitze reduzieren und bei geschlossenem Deckel 15–20 Minuten dünsten, bis die Äpfel weich sind. Zimt und Butter zugeben und rühren, bis die gewünschte Konsistenz erreicht ist. Den Topf vom Herd nehmen und bei geschlossenem Deckel warm halten.

Die Koteletts auf vorgewärmte Servierteller geben und den Fleischsaft aus der Pfanne darübergießen. Sofort mit dem Apfelkompott servieren.

>3 Inzwischen die Koteletts salzen und pfeffern. Das Öl in einer großen, ofenfesten Pfanne erhitzen. Die Koteletts darin bei mittlerer bis starker Hitze 3 Minuten von jeder Seite braten.

>4 Die Koteletts in der Pfanne in den vorgeheizten Ofen geben und weitere 7–9 Minuten garen. Zur Garprobe das Fleisch in der Mitte einschneiden. Es darf nicht mehr rosa oder rot aussehen, und der austretende Fleischsaft sollte klar und dampfend heiß sein.

Schweinebauchhäppchen

Für 8 Personen

Zutaten

1 kg Schweinebauch, ohne Knochen, Schwarte eingeschnitten
2 Fenchel, halbiert
8 schwarze Pfefferkörner, zerstoßen
4 Knoblauchzehen, in Scheiben
125 ml trockener Weißwein
Salz
Romescosauce zum Servieren

Den Backofen auf 150 °C vorheizen.
Den Schweinebauch mit der Schwarte nach oben in einen großen Bräter legen. Fenchel, Pfeffer, Knoblauch und Wein zufügen. Salzen.

>2 So viel Wasser angießen, dass das Fleisch bedeckt ist. Zum Kochen bringen.
Den Deckel aufsetzen und im Ofen 5½ Stunden schmoren, bis das Fleisch gar ist.

>3 Aus dem Ofen nehmen, den Deckel abnehmen und den Schweinebauch im Bräter etwa 30 Minuten abkühlen lassen.

>4 Den Schweinebauch abtropfen lassen und auf ein Schneidebrett heben, das auch in den Kühlschrank passt.

>5 Ein Stück Backpapier, ein Backblech und Konservendosen zum Beschweren auf das Fleisch legen. Über Nacht im Kühlschrank ruhen lassen.

>6 Den Backofen auf 180 °C vorheizen. Ein Backblech mit Backpapier auskleiden. Den Schweinebauch vorsichtig in mundgerechte Würfel schneiden.

>7 Die Schweinebauchwürfel portionsweise mit der Schwarte nach unten in eine beschichtete Pfanne geben und 6–8 Minuten braten, bis das Fett ausgelassen ist. Die Hitze auf mittlere bis starke Hitze erhöhen und weitere 5 Minuten braten, bis die Schwarte goldbraun und knusprig ist.

>8 Die Würfel mit der Schwarte nach oben auf das vorbereitete Backblech setzen und im Ofen 20 Minuten erhitzen.

Die Schweinbauchwürfel auf einen Servierteller geben und Cocktailspießchen hineinstecken. Wahlweise mit Romescosauce zum Dippen servieren.

Rindfleischburger

Für 4 Personen

Zutaten

650 g Rinderhackfleisch
1 rote Paprika, klein gewürfelt
1 Knoblauchzehe, fein gehackt
2 kleine rote Chillies, entkernt und fein gehackt
1 EL frisch gehacktes Basilikum
½ TL gemahlener Kreuzkümmel
Salz und Pfeffer
frisches Basilikum, zum Garnieren
Burgerbrötchen, zum Servieren

>1 Den Backofengrill vorheizen. Hackfleisch, Paprika, Knoblauch, Chillies, gehacktes Basilikum und Kreuzkümmel in eine Schüssel geben.

>2 Alles sorgfältig vermengen, dann salzen und pfeffern.

Mit Basilikum garnieren
und sofort in Burgerbrötchen servieren.

>3 Mit den Händen aus der Masse vier Kugeln formen und zu Frikadellen flach drücken. Unter dem vorgeheizten Grill 5–8 Minuten garen.

>4 Die Frikadellen wenden und von der anderen Seite ebenfalls 5–8 Minuten grillen. Zur Garprobe die Frikadellen in der Mitte einschneiden. Das Fleisch darf nicht mehr rosa aussehen, und der austretende Fleischsaft sollte klar und dampfend heiß sein.

Das perfekte Steak

Für 4 Personen

Zutaten

4 Rumpsteaks (à 250 g)
Öl, zum Bestreichen
Salz und Pfeffer

>1 Eine Brat- oder eine Grillpfanne bei starker Hitze auf den Herd setzen und sehr heiß werden lassen. Für gelungene Steaks sollten grundsätzlich nicht mehr als zwei Fleischstücke auf einmal gebraten werden, damit die Pfanne nicht überfüllt wird und die Temperatur zu stark abfällt.

>2 Damit sich die Steaks nicht wölben oder biegen, sollte der Fettrand in 1 cm großen Abständen mit einem scharfen Messer eingeschnitten werden. Die Steaks leicht mit Olivenöl bestreichen, salzen und pfeffern. Steaks können bedenkenlos blutig oder blau verzehrt werden. Die Garzeiten sind immer abhängig von der Art und Dicke des Fleischstücks und von der Qualität der Pfanne.

>3 Für blau gebratenes Fleisch das Steak in die sehr heiße Pfanne geben und 1 Minute von jeder Seite anbraten, damit sich außen eine dünne Kruste bildet, das Fleisch innen aber noch roh ist. Vor dem Servieren 3 Minuten an einem warmen Ort ruhen lassen, sodass sich der Fleischsaft gleichmäßig verteilen kann und das Steak zart und saftig wird.

>4 Für blutig gebratenes Fleisch das Steak in eine sehr heiße Pfanne geben und 1½ Minuten von jeder Seite anbraten, damit sich außen eine Kruste bildet, der innere Kern aber noch blutig ist. Vor dem Servieren 3 Minuten ruhen lassen.

>5 Für medium gebratenes Fleisch das Steak in eine sehr heiße Pfanne geben und 2½–3 Minuten von jeder Seite braten, damit sich außen eine schöne Kruste bildet, der Fleischkern aber rosa bleibt. Vor dem Servieren 3 Minuten ruhen lassen.

>6 Für durchgebratenes Fleisch das Steak in eine sehr heiße Pfanne geben und 3–4½ Minuten von jeder Seite braten, bis es ganz durchgebraten ist und keinen rosa Kern mehr hat. Vor dem Servieren 3 Minuten ruhen lassen.

Servieren.

Steaks mit Knoblauch & Sherry

Für 6–8 Personen

Zutaten

4 Rinderhüftsteaks (à 175–200 g), etwa 2,5 cm dick
5 Knoblauchzehen, geschält
3 EL spanisches Olivenöl
125 ml trockener spanischer Sherry
Salz und Pfeffer
frisch gehackte glatte Petersilie
Bauernbrot, zum Servieren

>1 Die Steaks vorsichtig mit dem Messer von Häuten und Sehnen befreien. in 2,5 cm große Würfel schneiden und in eine große, flache Form geben.

>2 Drei Knoblauchzehen in feine Scheiben schneiden. Zwei Knoblauchzehen fein hacken und auf den Fleischwürfeln verteilen. Salzen und pfeffern. Alles vermengen. Abgedeckt 1–2 Stunden im Kühlschrank ziehen lassen.

Mit gehackter Petersilie bestreuen
und sofort mit frischem Brot servieren.

>3 Das Öl in einer Pfanne erhitzen. Die Knoblauchscheiben bei kleiner Hitze 1 Minute unter Rühren leicht anbräunen. Dio Hitze erhöhen, die Fleischwürfel zugeben und 2–3 Minuten unter ständigem Rühren rundum anbräunen.

>4 Mit dem Sherry ablöschen und einkochen. Mit Salz würzen und in eine vorgewärmte Servierform füllen.

Rindfleischspieße mit Orange & Knoblauch

Ergibt 8 Stück

Zutaten

Zutaten
3 EL Weißwein
2 EL spanisches Olivenöl
3 Knoblauchzehen, fein gehackt
Saft von 1 Orange
500 g Rumpsteak, gewürfelt
500 g kleine Zwiebeln, halbiert
2 orangefarbene Paprika, in Quadrate geschnitten
250 g Cocktailtomaten, halbiert
Salz und Pfeffer

>1 Wein, Öl, Knoblauch und Orangensaft in einer flachen, nicht metallenen Form verrühren.

>2 Die Rindfleischwürfel hineingeben, salzen und pfeffern und in der Marinade wenden.

>3 Mit Frischhaltefolie abgedeckt 2–8 Stunden im Kühlschrank marinieren.

>4 Den Backofengrill vorheizen. Die Fleischwürfel abtropfen lassen.

>5 Die Fleischwürfel abwechselnd mit Zwiebeln, Paprika und Tomaten auf 8 Metallspieße stecken.

>6 Unter dem vorgeheizten Grill 10 Minuten unter häufigem Wenden garen.

Die Spieße auf vorgewärmten Serviertellern anrichten und sofort servieren.

Rinderrollbraten

Für 6 Personen

Zutaten

- 4–5 Kartoffeln, in großen Stücken
- 2½ EL Mehl
- Salz und Pfeffer
- 1,6 kg Rinderrollbraten aus der Brust
- 2 EL Pflanzenöl
- 2 EL Butter
- 1 Zwiebel, fein gehackt
- 2 Selleriestangen, gewürfelt
- 2 Karotten, gewürfelt
- 1 TL Dillsamen
- 1 TL getrockneter Thymian
- 350 ml Rotwein
- 150–250 ml Rinderbrühe
- 2 EL frisch gehackter Dill, zum Garnieren

>1 In einem großen Topf leicht gesalzenes Wasser zum Kochen bringen. Die Kartoffeln zufügen, wieder aufkochen und 10 Minuten garen. Abgießen und beiseitestellen.

>2 Den Backofen auf 140 °C vorheizen. 2 Esslöffel Mehl mit 1 Teelöffel Salz und ¼ Teelöffel Pfeffer auf einem Teller mischen und den Braten darin wenden.

>3 Das Öl in einer Kasserolle erhitzen, das Fleisch von allen Seiten darin anbraten und dann auf eine Platte heben. Die Hälfte der Butter in die Kasserolle geben. Zwiebel, Sellerie, Karotten, Dillsamen und Thymian 5 Minuten dünsten.

Das Fleisch samt ausgetretenem Saft wieder in die Kasserolle geben. Wein und so viel Brühe zugießen, dass das Fleisch bis zu einem Drittel darin liegt. Dann aufkochen.

>5 Abdecken und 3 Stunden im Backofen schmoren, dabei das Fleisch alle 30 Minuten wenden. Nach 2 Stunden die Kartoffeln, und falls erforderlich, etwas Brühe zufügen.

>6 Braten und Gemüse auf einer vorgewärmten Servierplatte anrichten. Den Bratenfond durch ein Sieb in einen Topf gießen.

>7 Die restliche Butter mit dem restlichen Mehl verkneten.

>8 Den Bratenfond aufkochen und die Mehlbutter unter ständigem Rühren in kleinen Portionen zugeben. Rühren, bis die Sauce glatt ist.

Die Sauce über Fleisch und Gemüse gießen und alles mit dem Dill garnieren.

Gegrillte Lammkoteletts mit Paprika

Für 8 Personen

Zutaten

4 EL spanisches Olivenöl, plus etwas mehr zum Bestreichen
2 EL Rotwein- oder Sherry-Essig
2 große Knoblauchzehen, fein gehackt
1 EL Zucker
1 EL frisch gehackter Thymian
2 TL frisch gehackter Oregano
16 kleine Lammkoteletts, pariert
4 rote Paprika, geviertelt
Salz und Pfeffer

>1 Öl, Essig, Knoblauch, Zucker, Thymian und Oregano in einer nicht metallenen Schüssel verrühren. Die Lammkoteletts damit einreiben und abgedeckt bis zu 2 Stunden bei Zimmertemperatur marinieren.

Eine gerippte gusseiserne Grillpfanne bei starker Hitze heiß werden lassen. Mit Öl bestreichen und die Paprikastücke mit der Hautseite nach unten 12–15 Minuten weich grillen.

Die Paprikastreifen auf eine Servierplatte geben und die Lammkoteletts darauf anrichten. Nach Belieben warm, lauwarm oder kalt servieren.

>3 Die Paprika häuten und das Fruchtfleisch in feine Streifen schneiden.

>4 Die Pfanne erneut erhitzen. Die Lammkoteletts salzen und pfeffern. Dann portionsweise 5–8 Minuten (oder länger, je nach gewünschter Garstufe) unter einmaligem Wenden grillen.

Besondere Gerichte

Nussbraten

Für 4 Personen

Zutaten

2 EL Olivenöl, plus etwas mehr zum Einfetten
1 große Zwiebel, fein gehackt
100 g gemahlene Mandeln
100 g Cashewkerne, fein gehackt
50 g frische Vollkornsemmelbrösel
100 ml Gemüsebrühe
fein abgeriebene Schale und Saft von 1 kleinen Zitrone
1 EL fein gehackte frische Rosmarinblätter
Salz und Pfeffer
frische Rosmarinzweige und Zitronenspalten, zum Garnieren

>1 Den Backofen auf 200 °C vorheizen. Eine Kastenform (700 ml) mit Öl einfetten und mit Backpapier auslegen.

>2 Das Öl in einem großen Topf erhitzen. Die Zwiebel darin bei mittlerer Hitze 3–4 Minuten unter Rühren weich dünsten.

Aus der Form heben und mit Rosmarinzweigen, Zitronenspalten und Pfeffer garniert sofort servieren.

Mandeln, Cashewkerne, Semmelbrösel, Brühe, Zitronenschale und -saft sowie Rosmarin zugeben und kräftig rühren. Salzen und pfeffern.

>4 Die Nussmasse in die vorbereitete Form füllen und gut andrücken. Im vorgeheizten Ofen 30–35 Minuten backen, bis der Braten goldbraun und fest ist.

Burritos

Für 4 Personen

Zutaten
1 EL Olivenöl
1 Zwiebel, gehackt
1 Knoblauchzehe, fein gehackt
500 g mageres Rinderhackfleisch
3 große Tomaten, entkernt und gehackt
1 rote Paprika, gehackt
800 g gemischte Bohnen aus der Dose, abgetropft
125 ml Gemüsebrühe
1 EL frisch gehackte Petersilie
Meersalz und Pfeffer
8 Vollkornmehl-Tortillas
125 g passierte Tomaten
50 g Gouda, gerieben
3 Frühlingszwiebeln, in Ringen
gemischte Salatblätter, zum Servieren

>1 Das Öl in einer großen, beschichteten Pfanne erhitzen und Zwiebel und Knoblauch darin weich dünsten, ohne dass sie bräunen. Aus der Pfanne nehmen.

>2 Das Hackfleisch in die Pfanne geben und bei starker Hitze 3–4 Minuten anbräunen, dabei das Fleisch mit einem Holzlöffel zerdrücken. Überschüssiges Öl abgießen.

>3 Zwiebel und Knoblauch wieder in die Pfanne geben, Tomaten und rote Paprika zugeben und 8–10 Minuten weiterbraten.

>4 Bohnen, Brühe und Petersilie in die Pfanne geben, salzen und pfeffern und ohne Deckel weitere 20–30 Minuten köcheln lassen, bis alles gut eingedickt ist.

>5 Unterdessen den Backofen auf 180 °C vorheizen. Die Hackfleischmischung etwas zerdrücken, dann auf die Tortillas verteilen.

>6 Die Tortillas aufrollen und mit der Öffnung nach unten auf ein mit Backpapier ausgelegtes Backblech legen.

>7 Die Burritos mit passierten Tomaten bestreichen und mit dem Gouda bestreuen. Im vorgeheizten Ofen 20 Minuten backen.

>8 Herausnehmen und mit den Frühlingszwiebeln bestreuen.

Auf einen Servierteller legen
und mit gemischten Salatblättern servieren.

Vegetarische Pizza

Ergibt 1 Pizza

Zutaten

2 EL Olivenöl
1 Pizzaboden (30 cm Ø, Fertigprodukt)
3 EL Tomatenmark
1 EL frisch gehackter Thymian
1 Zwiebel, fein gehackt
1 kleine grüne Paprika, in dünnen Ringen
2 Tomaten, in Scheiben
6 schwarze Oliven, entsteint und halbiert
100 g Mozzarella, in Stücken
Salz und Pfeffer

>1 Den Backofen auf 220 °C vorheizen. Ein Backblech mit etwas Öl bepinseln.

Den Pizzaboden auf das vorbereitete Blech legen.

Das Tomatenmark auf dem Pizzaboden verstreichen, dabei einen 2 cm breiten Rand frei lassen.

>4 Den Boden mit dem Thymian bestreuen.

Dann Zwiebel, Paprika, Tomaten und Oliven darauf verteilen.

>6 Den zerkleinerten Käse darüberstreuen.

>7 Die Pizza nach Belieben mit Salz und Pfeffer würzen. Dann mit dem restlichen Öl beträufeln.

>8 Im vorgeheizten Ofen 12–15 Minuten backen, bis die Pizza brutzelt und goldbraun ist.

Sofort servieren.

Zwiebeltarte

Für 4–6 Personen

Zutaten
100 g Butter
600 g Zwiebeln,
in Spalten
2 Eier
100 g Schlagsahne
100 g Hartkäse
frisch gerieben
1 fertig gebackener
Mürbeteigboden mit 20 cm Ø
100 g Parmesan, grob gerieben
Salz und Pfeffer

Für Vegetarier:
Es gibt auch vegetarischen Hartkäse und Parmesan im Handel zu kaufen.

>1 Die Butter in einer schweren Pfanne auf mittlerer Stufe zerlassen und die Zwiebeln darin unter häufigem Rühren 30 Minuten gut anbräunen und karamellisieren. Aus der Pfanne nehmen und beiseitestellen.

>2 Den Backofen auf 190 °C vorheizen. Die Eier in eine große Schüssel aufschlagen, die Sahne unterrühren und mit Salz und Pfeffer nach Geschmack würzen. Den Hartkäse hinzufügen und gut untermengen. Dann die Zwiebeln unterrühren.

In Stücke schneiden und heiß oder bei Zimmertemperatur servieren.

>3 Diese Mischung auf den Mürbeteigboden geben und mit dem Parmesan bestreuen.

>4 Auf ein Backblech setzen. 15–20 Minuten im Ofen backen, bis die Füllung gestockt ist und braun wird. Aus dem Ofen nehmen und mindestens 10 Minuten ruhen lassen.

Blaubeerpfannkuchen

Für 4 Personen

Zutaten

150 g Mehl, vermischt mit 1½ TL Backpulver
1 Prise Salz
2 EL Zucker
250 ml Milch
1 Ei (Größe L)
2 EL Sonnenblumenöl, plus etwas mehr zum Einfetten
150 g Blaubeeren, plus einige zum Garnieren

Butterschaum

120 g weiche Butter
2 EL Milch
1 EL Ahornsirup, plus etwas mehr zum Servieren

>1 Für den Butterschaum die Butter in eine Schüssel geben und mit einem elektrischen Handrührgerät schaumig rühren.

>2 Milch und Ahornsirup zufügen und zu einer hellen Creme rühren.

>3 Für die Pfannkuchen Mehl-Backpulver-Mischung, Salz und Zucker in eine Schüssel sieben.

>4 Milch, Ei und Öl zugeben und zu einem glatten Teig verrühren.

>5 Die Blaubeeren unterheben und 5 Minuten ruhen lassen.

>6 Eine Pfanne dünn mit Öl einfetten und bei mittlerer Temperatur erhitzen. Esslöffelgroße Teigportionen in die Pfanne setzen und braten, bis sich an der Oberfläche Blasen bilden.

>7 Mit einem Palettenmesser wenden und die andere Seite goldbraun braten.

>8 Den restlichen Teig ebenso verarbeiten. Die fertigen Pfannkuchen dabei warm halten.

Die Pfannkuchen portionsweise schichten, mit einigen Blaubeeren, einem Löffel Butterschaum und etwas Ahornsirup servieren.

Marshmallow-Nuss-Riegel

Ergibt 8 Stück

Zutaten

175 g Vollmilch- oder Zartbitterschokolade
50 g Butter
100 g Shortbreads (süßes Mürbeteiggebäck), in Stücken
80 g weiße Mini-Marshmallows
80 g Walnusskerne oder Erdnüsse
gesiebter Puderzucker, zum Bestäuben

Eine quadratische Backform (18 cm x 18 cm) mit Backpapier auslegen.

>2 Die Schokolade in Stücke brechen und in eine hitzebeständige Schüssel geben.

>3 Die Schüssel auf einen Topf mit köchelnem Wasser setzen und die Schokolade schmelzen. Die Schüssel darf dabei nicht im Wasser stehen.

>4 Die Butter zufügen und rühren, bis sie zerlassen und die Masse glatt ist. Etwas abkühlen lassen.

>5 Shortbreads, Marshmallows und Nüsse unter die Schokoladenmasse heben.

>6 Die Schokoladenmasse in die vorbereitete Form füllen und mit einem Löffelrücken flach drücken. Mindestens 2 Stunden im Kühlschrank fest werden lassen.

>7 Vorsichtig aus der Form nehmen und auf ein Holzschneidebrett legen.

>8 Mit Puderzucker bestäuben.

In acht Stücke schneiden und servieren.

Mehrkornbrot

Ergibt 1 Brot

Zutaten

375 g Weizenmehl (Type 550), plus etwas mehr zum Bestäuben
125 g Roggenmehl (Type 1370)
1½ EL Magermilchpulver
1½ TL Salz
1 EL Rohrzucker
1 TL Instant-Trockenbackhefe
1½ EL Sonnenblumenöl, plus etwas mehr zum Einfetten
2 TL Zitronensaft
300 ml lauwarmes Wasser
1 TL Kümmelsamen
½ TL Mohnsamen
½ TL Sesamsaat

Belag

1 Eiweiß, verquirlt mit 1 EL Wasser
1 EL Sonnenblumenkerne

>1 Beide Mehlsorten, Milchpulver, Salz, Zucker und Hefe in eine große Schüssel geben. Öl, Zitronensaft und Wasser hineingießen.

>2 Die Saaten zufügen und alles zu einem weichen Teig verkneten. Den Teig auf einer leicht bemehlten Arbeitsfläche 10 Minuten kneten, bis er glatt und elastisch ist.

>3 Eine Schüssel mit Öl ausstreichen. Den Teig in die Schüssel legen und mit einem angefeuchteten Küchentuch abdecken.

An einem warmen Ort 1 Stunde gehen lassen, bis sich das Teigvolumen verdoppelt hat. Eine Kastenform (900 g Inhalt) mit Öl einfetten.

>5 Den Teig auf einer bemehlten Arbeitsfläche erneut 1 Minute durchkneten und auf die Länge und dreimal die Breite der Form ausrollen.

>6 Dann beide Längsseiten nach innen schlagen und das Brot mit der Nahtstelle nach unten in die Form legen. Abdecken und an einem warmen Ort weitere 30 Minuten gehen lassen, bis der Teig über die Form hinaus aufgegangen ist.

>7 Den Backofen auf 220 °C vorheizen. Das Brot kurz vor dem Backen mit der Eiweißmischung bestreichen und die Sonnenblumenkerne leicht auf die Oberfläche des Teigs drücken.

>8 Das Brot 30 Minuten im vorgeheizten Ofen backen, bis es goldbraun ist und beim Klopfen auf die Unterseite hohl klingt.

Zum Auskühlen auf ein Kuchengitter heben.

Klassische Cocktails

Bloody Mary

Für 1 Person

Zutaten

4–6 gestoßene Eiswürfel
1 Spritzer Tabasco
1 Spritzer Worcestersauce
4 cl Wodka
12 cl Tomatensaft
Saft von ½ Zitrone
1 Messerspitze Selleriesalz
1 Messerspitze Cayennepfeffer
1 Stück Stangensellerie mit Blättern und 1 Zitronenscheibe, zum Dekorieren

>1 Das Eis in einen Shaker füllen. Tabasco und Worcestersauce darübergießen.

>2 Wodka und Tomatensaft zufügen.

>3 Den Zitronensaft zugeben und kräftig schütteln.

>4 In ein gekühltes, großes Glas abseihen. Etwas Selleriesalz und Cayennepfeffer darüberstreuen. Mit dem Sellerie und der Zitronenscheibe dekorieren.

Sofort servieren.

Club Mojito

Für 1 Person

Zutaten
1 TL Zuckersirup
einige Minzeblätter
Saft von ½ Limette
Eis
4 cl Jamaica Rum
oder weißer Rum
Sodawasser
1 Spritzer Angostura

>1 Sirup, Minzeblätter und Limettensaft in ein Lowball-Glas geben.

>2 Die Minzeblätter zerdrücken, dann Eis und Rum dazugießen.

>3 Nach Geschmack mit Sodawasser auffüllen.

>4 Einen Spritzer Angostura darübergeben und mit den restlichen Minzeblättern dekorieren.

Sofort servieren.

Wodka Espresso

Für 1 Person

Zutaten
4–6 gestoßene Eiswürfel
4 cl frisch gebrühter Espresso, gekühlt
2 cl Wodka
2 TL Feinstzucker
2 cl Amarula

>1 Das Eis in einen Shaker füllen.

>2 Kaffee und Wodka über das Eis geben, den Zucker zufügen und alles kräftig schütteln.

>3 In ein Cocktailglas abseihen.

>4 Den Amarula vorsichtig darübergießen.

Sofort servieren.

Hurricane

Für 1 Person

Zutaten
4–6 gestoßene Eiswürfel
2 cl Zitronensaft
8 cl brauner Rum
4 cl süßer Fruchtsaft (meist Maracuja- oder Orangensaft)
Sodawasser
Orangenscheiben und Kirschen, zum Dekorieren

>1 Das Eis in einen Shaker füllen.

>2 Zitronensaft, Rum und Fruchtsaft darübergießen und alles kräftig schütteln.

>3 Den Cocktail in ein großes, gekühltes Cocktailglas gießen.

>4 Mit Sodawasser auffüllen und mit Orangenscheiben und Kirschen dekorieren.

Sofort servieren.

Whisky Sling

Für 1 Person

Zutaten
1 TL Zucker
2 cl Zitronensaft
1 TL Wasser
4 cl amerikanischer Blended Whisky
Crushed Ice
1 Orangenscheibe, zum Dekorieren

>1 Den Zucker in ein Rührglas geben.

>2 Zitronensaft und Wasser dazugeben und rühren, bis sich der Zucker aufgelöst hat.

>3 Den Whisky darübergießen und umrühren.

>4 Einen gekühlten Tumbler zur Hälfte mit Eis füllen und den Cocktail darüber abgießen. Mit der Orangenscheibe dekorieren.